OKINAWA ISLANDS TRAVEL GUIDE BOOK

느긋하게 오키나와 외딴섬 여행

가이하타 미치

책을 시작하며

오키나와에는 세상 어디에도 없는 이곳만의 엄청난 매력이 있습니다.
바닷소리, 푸른 하늘, 그리고 오키나와의 깊은 매력…
그것이 알고 싶어서 이 책을 만들게 되었습니다.

오키나와에서 살기 시작한 지도 여러 해가 지나, 제 인생의 발자취와 함께
오키나와의 경치도 마치 책의 페이지를 넘기듯 변했습니다.
아름다운 자연, 명랑한 사람들의 웃음뿐만 아니라
자연과 함께 생활하는 지혜와 연구라고 불러야 할
섬사람들이 살아가는 모습에 한없이 매료되었습니다.

오키나와에 놀러 온 친구들은 다들
지역 사람들과 어울려보고 싶다고 말합니다.
분명 모두 자연스레
섬에서 살아가기 위한 뭔가 중요한 힌트가 있을 것이라
느끼기 때문일 것입니다.

이 책에서는 민예품의 달인, 두부 가게 부부, 민요를 노래하는 어부,
색색의 물고기가 헤엄치는 산호초 바다, 밤바다에 빛나는 남십자성 등
인연이 닿았던 섬사람들과 그곳에서 숨 쉬고 있는 자연을 소개합니다.
다양성이 존재하는 생활 속에서 바다와 바람에 관해
섬에서 이야기를 나누고, 해변에서 석양을 바라보면
언제나 마음속 깊은 곳에서 따뜻한 기분이 솟아오릅니다.

아름다운 풍경과 마주했을 때, 우리는 마음을 통해서 바라봅니다.
이 땅의 사람들과의 만남을 통해 풍경은 더 깊어집니다.
여기서 소개하는 것은 오키나와 매력의 극히 일부입니다.
당신도 부디 오감을 사용해서
섬사람들과 풍경과의 만남을 즐기길 바랍니다.

당신의 마음이 따뜻한 기분으로 가득차기를,
이 책이 그런 계기가 되면 좋겠습니다.

CONTENTS

002 책을 시작하며

CHAPTER 1
섬 선택하기 & 즐기기

008 야에야마 제도
010 미야코 제도
012 외딴섬 여행에 가져갈 물건 리스트/
    섬 방언을 사용해보자

CHAPTER 2
야에야마 제도

014 ●이시가키 섬
016 야치문관 사무사라
020 가비라 만
022 시라호 촌락
024 히가 두부
026 펭귄 식당
028 섬 채소 카페 Re:Hellow BEACH
030 미루미루 본점
032 이시가키 섬 고쇼엔
034 안파루 도방·미야라 농원
036 난토야키
038 민사 공예관
040 TILLA EARTH
042 Terrace House yamabare
044 이시가키 소금
046 이시가키 섬 천문대
048 시마우타 라이브하우스 아사토야
050 이시가키 섬의 전래 민화

051 ●다케토미 섬
052 다케토미 섬 촌락
054 니시산바시
056 호시노야 다케토미지마
058 HaaYa nagomi-cafe

059 ●고하마 섬
060 호시노 리조트 리조나레 고하마지마
062 하이무루부시
063 BOB's CAFE
064 ●아라구스쿠 섬

065 ●구로 섬
066 Living cafe & zakka iconoma
068 나카모토 해안
069 시마요메 시장
070 구로시마의 전래 민화

071 ●이리오모테 섬
072 마리유두 폭포·간비레 폭포
074 아와나미와 섬의 맛 하테루마
078 구루 공방
082 틴누칼라
084 ●하토마 섬

085 ●하테루마 섬
086 니시 해변
088 팔러 민피카
090 나카소코 상점 shop+cafe
092 하테루마 섬의 전래 민화

CONTENTS   005

093 **CHAPTER 3**
    미야코 제도

094 🟡 미야코 섬
096 야비지
098 스나야마 해변
099 아라구스쿠 해안
100 농가 민박 쓰카야마장
104 유토피아 팜 미야코지마
106 고쟈소바 가게
108 기쿠노쓰유 주조
110 미야코지마 시 체험 공예촌
112 SALVAGE
114 미야코지마 온천
116 🟠 이케마 섬 🩷 구리마 섬

119 🔵 이라부 섬/ 시모지 섬
120 soraniwa hotel & cafe
122 비라후야
124 아오노 동굴·나베조코 연못

125 🟢 다라마 섬
126 하치가쓰 오도리
128 드라이브하면서 듣고 싶은 시마우타

129 **CHAPTER 4**
    오키나와 섬의 토산품

130 이시가키 섬 토산품
132 야에야마 제도 토산품
134 미야코 섬 토산품
136 야에야마 MAP
138 미야코제도 MAP

142 책을 마치며

• 이 책에 기재된 내용은 2014년 6월까지의 정보를 토대로 하였습니다.
• 가격이나 요금은 세금을 빼고 표기하였으나, 일부 세금을 포함(8%)해서 표기한 부분이 있습니다.

1
CHAPTER

How to Choose Your Island

섬 선택하기 & 즐기기

여행지에서 뭘 하고 싶은가? 목적별로 섬을 고르자.

오키나와 여행을 계획할 때 "어느 섬이 제일 좋아?"라는 질문을 자주 듣는다. 대답은 언제나 "전부 다 좋아!"다. 오키나와다운 풍경과 만나고 싶다면 다케토미 섬, 아열대 정글을 탐험하려면 이리오모테 섬, 별을 바라보고 싶다면 하테루마 섬, 스노클링을 즐기고 싶다면 미야코 섬. 뭘 하고 싶은지 목적에 맞춰 고르면 그 섬이 당신에게는 최고의 섬이다. 이 장에서는 목적에 맞춘 섬의 매력과 섬을 돌아보는 방법을 알려줄 것이다.

ACCESS GUIDE　　007

ACCESS 섬으로 가는 방법

이 책에서 소개하는 건 오키나와 본섬 서남부에 있는 야에야마 제도와 미야코 제도의 섬이다. 각 외딴섬의 중심은 이시가키 섬과 미야코 섬으로 그 밖의 섬으로 가려면 다시 고속선 등으로 갈아타고 바다를 건너야 한다. 배를 타고 수평선을 바라보자. 이제 여행이 시작된다는 기대감으로 가슴이 두근거릴 것이다.

야에야마 제도

도쿄에서 약 2,000km, 오키나와 본섬에서 약 405km 떨어진 일본 서남단의 섬들이다. 이시가키 섬, 다케토미 섬, 고하마 섬, 구로 섬, 아라구스쿠 섬, 이리오모테 섬, 유후 섬, 하토마 섬, 하테루마 섬, 요나구니 섬 등, 10개의 유인도와 무인도로 이루어졌다. 이시가키 신공항과 이시가키 공항 이도 터미널을 거쳐서 야에야마 제도로 갈 수 있다.

← 주요 도시에서 이시가키 신공항까지
도쿄 하네다 공항에서 3시간 15분
오사카 간사이 공항에서 2시간 40분
오키나와 나하 공항에서 1시간

미야코 제도

오키나와 본섬에서 약 285km 떨어져 있으며 모두 융기 산호초로 만들어진 섬이다. 미야코 섬, 이케마 섬, 구리마 섬, 오가미 섬, 이라부 섬, 시모지 섬, 다라마 섬, 민나 섬 등 8개의 유인도로 구성되어 있다. 미야코 섬과 이케마 섬, 구리마 섬 사이에는 다리가 놓여있으니 가볍게 드라이브한다는 마음으로 놀러 갈 수 있다.

← 주요 도시에서 미야코 공항까지
도쿄 하네다 공항에서 3시간 5분
오키나와 나하 공항에서 50분

야에야마 제도

하나하나의 섬이 왕국, 야에야마 제도 섬 고르기

역사도 문화도 방언도 서로 다른 야에야마의 섬들은 비유하자면 모두가 각자 하나의 왕국이다. 하나의 섬에 폭 빠지는 것도 좋고, 몇 개의 섬을 돌아보고 비교하는 것도 좋다. 야에야마 제도의 매력을 만나보자.

아무도 없는 천연 해변에서 헤엄치고 싶다!

하토마 섬 ● P084
사람의 손길이 닿지 않은 천연 해변이 여기저기 흩어져 있는 자그마한 섬. 마음에 드는 곳을 발견했다면 마치 개인 해변에 온 것처럼 큰 대자로 누워 느긋하게 시간을 보내보자.

이토마 해변 터미널
이시가키 항에서 고속선을 타고 40분(직행) 우에하라 항에서 고속선으로 10분

명품 휴가를 보내고 싶다!

고하마 섬 ● P059
드넓은 사탕수수 밭이 펼쳐진 한가로운 섬. 소박한 섬이면서도 대형 리조트 호텔이 있어서 명품 휴가를 즐길 수 있다.

우에하라 항
이시가키 항에서 고속선으로 40분

고하마 항
이시가키 항에서 고속선으로 25분

정글에서 탐험하는 기분을 맛보고 싶다!

이리오모테 섬 ● P071
희귀한 생물이 서식하고 있어서 동양의 갈라파고스라고 불린다. 섬의 약 90%가 아열대 정글이므로 모험하는 기분을 체험할 수 있는 관광 상품이 풍부하다.

오하라 항
이시가키 항에서 고속선으로 35분

이시가키 항에서 고속선으로 35분

구로시마 항
이시가키 항에서 고속선으로 25분

전설이 남아있는 신의 섬으로 가보자!

아라구스쿠 섬 ● P064
별칭 파나리 섬. 가미지 섬은 가미지 섬 투어를 이용해면 들어갈 수 있다. 듀공(남태평양에 사는 포유동물. 젖꼭지가 가슴에 있어서 새끼를 안고 젖을 먹이는 모습을 보고 옛날에는 이것을 인어라고 생각했다. P64 부연 설명) 전설이 남아 있는 '신의 섬'으로 섬 안에는 출입이 금지된 장소가 많으므로 주의가 필요하다.

일본 최남단 섬에서 별이 가득한 밤하늘을 보고 싶다면!

하테루마 섬 ● P085
사람이 거주하는 일본 최남단의 섬이다. 우체국에서는 최남단 비석이 그려진 스탬프를 찍어준다. 낮에는 니시 해변에서 수영을, 밤에는 별이 가득한 밤하늘을 즐겨보자.

하테루마 항
이시가키 항에서 고속선으로 1시간

YAEYAMA SHOTŌ

섬 문화에 푹 빠지고 싶다!

다케토미 섬 ● P051

빨간 기와 옥상에 산호로 된 돌담 등 오키나와의 원래 모습이 남아 있고, 수많은 전통문화를 계승하고 있는 예능의 섬. 바다로 지는 석양을 바라보는 시간은 마치 마음을 씻어주는 것 같다. 니시산바시에서 바다로 지는 석양을 바라보는 시간은 마음이 정화된다.

다양한 것들을 즐길 수 있는 곳!

이시가키 섬 ● P014

야에야마 제도의 현관문이다. 멋진 풍경의 가비라 만부터 오키나와 요리를 먹을 수 있는 식당과 섬의 흙으로 만드는 도예공방까지, 자연·음식·문화 등 다양한 것들을 즐길 수 있다.

이시가키 신공항
나하공항에서 비행기로 1시간

이시가키 항 이도 터미널
이시가키 신공항에서 차로 30~40분

다케토미 항
이시가키 항에서 고속선으로 10분

바닷바람을 맞으며 사이클링을 즐기고 싶다!

구로 섬 ● P065

소가 인구(약 200명)의 10배 이상이나 많은 소의 섬이다. 평탄한 지형이라서 사이클링에 알맞다. 바닷바람을 맞으면서 목장을 일직선으로 빠져나가면 눈앞으로 새파란 바다가 펼쳐진다.

ACCESS
이시가키 섬에서 외딴섬으로

야에야마 제도의 현관문이라고 할 수 있는 이시가키 섬에서 다른 섬으로 가려면 배를 타고 건너야 한다. 이시가키 신공항에서 배가 출발하고 도착하는 이시가키 항 이도 터미널까지는 버스나 택시로 30~40분 걸린다. 어항이나 대형 여객선이 도착하는 신항 등 항구가 몇 군데 있으니 목적지는 "이도 터미널로 가주세요"라고 말하는 편이 좋다.

이도 터미널 내에는 선박회사와 여행사가 즐비하므로 시간표를 보고 창구에서 표를 구매한다. 기본적으로 예약은 필요 없다. 안에이 관광과 야에야마 관광 페리 표를 사면 양쪽 모두 이용할 수 있으므로 편리하다. 시간표는 미리 홈페이지에서도 확인할 수 있다. 아라구스쿠 섬으로 가는 정기편이 없으므로 투어에 참가하는 것이 좋다.

야에야마 관광 페리

배 이름은 '츄라상', '사우전 이글'로 다케토미 섬, 고하마 섬, 구로 섬, 아라구스쿠 섬, 이리오모테 섬, 하토마 섬을 연결한다. 몇 개의 섬을 돌므로 주유패스(3일, 4일)가 이득이다.
TEL 0980-82-5010 HP www.yaeyama.co.jp

안에이 관광

'제8 안에이호', '바이지마' 등의 배로 다케토미 섬, 고하마 섬, 구로 섬, 이리오모테 섬, 하토마 섬, 하테루마 섬을 연결한다. 카누 선착장과 바라스 섬 스노클링 투어 등의 에코 투어도 풍부하다.
TEL 0980-83-0055 HP aneikankou.co.jp

이시가키 섬 드림 관광

'드림 1호', '드림 2호' 등의 배로 다케토미 섬, 고하마 섬, 구로 섬, 이리오모테 섬, 하테루마 섬을 연결한다. 이도 투어에 참가하는 경우에는 짐을 무료로 맡아준다.
TEL 0980-84-3178 HP www.ishigaki-dream.co.jp

야에야마 관광 페리(좌), 안에이 관광(우)의 고속선. 배에 약한 사람은 가능한 뒷좌석으로 간다. 악천후에는 결항되기도 한다. 일기예보와 홈페이지를 확인하자.

미야코 제도

바다를 사랑하는 사람들의 천국! 미야코 제도를 즐기는 방법

미야코 제도의 푸른 바다는 '미야코 블루'라는 애칭이 붙을 만큼 오키나와에서도 각별한 아름다움을 자랑한다. 아무튼, "나는 바다를 사랑해! 바다에서 놀고 싶어!"하는 사람은 미야코 제도로 가자. 아침, 점심, 저녁 등 시간을 가리지 않고 바다에서 펼쳐지는 자극적인 시간을 만끽할 수 있다.

MIYAKO SHOTŌ

역동적인 바다에서 신나게 보내고 싶다!

이라부 섬 / 시모지 섬
● P119
미야코 섬 서쪽에 있는 육로로 이어진 두 개의 섬. 사람의 손이 닿지 않은 자연이 남아 있고 푸른 동굴과 냄비 바닥 모양의 연못 등 독특하고 역동적인 지형을 살린 해양 스포츠를 즐길 수 있다.

민나 섬
水納島

조용한 마을에서 유유히 보내고 싶다면!

다라마 섬
● P125
'일본에서 가장 아름다운 마을'에 뽑힌 다라마 마을에는 고요한 공기가 흐른다. 국가 지정 중요 무형 민속문화재로 지정된 하치가쓰 오도리가 유명하다.

다라마 항
마에도마린 지구
히라라 항에서
페리로 2시간

다라마 공항
미야코 공항에서
RAC로 20분

히라라 항 후텐마 지구
히라라 항에서
페리로 2시간

미야코 블루가 아름다운 바다를 볼 수 있는 이케마 대교에서 본 전망(좌)
하늘 위에서 다라마 섬을 보면 동그란 지형이 제대로 보인다(우).

ACCESS
미야코 섬에서 외딴섬으로

이케마 섬과 구리마 섬은 차로 건너갈 수 있다. 이라부 섬은 미야코·히라라 항에서 고속선으로(2015년 이라부 대교가 개설될 예정) 이동한다. 미야코 공항에서 히라라 항까지는 택시로 20분 정도 걸린다. 카페리에 차를 싣고 갈 경우는 일찍 항에 도착해서 표를 구매한 뒤 탑승장에서 대기하자. 표는 당일에만 구매할 수 있다. 고속선과 카페리는 항구마다 탑승장이 다르니 주의하자! 미리 확인하거나 직원에게 물어보자. 다라마 섬은 히라라 항에서 페리를 타거나, 미야코 공항에서 RAC(류큐 에어 커뮤터)가 운행하는 헬기로 갈아탄다.

MIYAKO SHOTŌ

스노클링으로 바다에 빠지고 싶어!
이케마 섬 ● P116

미야코 섬과 이케마 대교로 이어져 있다. 앞바다 쪽 15km 정도의 지역에 거대한 산호초군 '야비지'가 펼쳐져 있는 이곳이 최고의 스노클링 장소다.

미야코 공항에서 차로 35분

오가미 섬

바다도 쇼핑도 즐기고 싶다!
미야코 섬 ● P094

미야코 제도의 중심지로 아주 투명한 바다에서 다이빙과 스노클링 등의 해양스포츠를 즐길 수 있다. 그리고 카페나 잡화가게도 많아서 식사나 쇼핑도 즐길 수 있다.

사라하마 항
히라라 항에서 고속선으로 12분

히라라 항
미야코 공항에서 차로 20분

미야코 공항
나하공항에서 비행기로 50분

미야코 공항에서 차로 15분

섬 카페에서 디저트를 먹고 싶다!
구리마 섬 ● P118

멋진 카페가 늘어나서 디저트 거리로 주목받고 있는 지역이다. 전망대에서는 동양 최고라고 불리는 건너편의 요나하마에하마 해변이 한눈에 들어온다.

🚢 **미야코 페리**
고속선 '우푸유', '유가후'와 카페리 '유무츠'가 미야코 섬의 히라라 항과 이라부 섬의 사라하마 항을 연결한다. 선내에는 넓은 공간도 있어서 사람이 없을 때는 누워도 된다.
TEL 0980-72-3263 HP miyako-ferry.com

🚢 **하야테 운항**
고속선 '슈퍼라이너 하야테'와 카페리 '페리 하야테'로 미야코 섬의 히라라 항과 이라부 섬의 사라하마 항을 연결한다. 선상에서 보이는 바다가 너무 아름다워서 마치 유람선을 탄 기분이다.
TEL 0980-78-3337 HP www.hayatekaiunn.com

🚢 **다라마 해운**
'페리 다라마유'로 미야코 섬의 히라라 항과 다라마 항을 연결한다. 1~3월은 후텐마 지구, 4~12월은 마에도마리 지구의 항구로 입항한다. 일요일은 휴무이며, 소 경매일에 따라 운행시각이 바뀌는 경우도 있다.
TEL 0980-72-9209 HP www1.ocn.ne.jp/~taramayu

✈️ **RAC로 다라마 섬으로**
오키나와의 조그마한 이도를 비행기로 이어주는 류큐 에어 커뮤터, 오키나와 도민들에게는 RAC라는 친숙한 명칭으로 불린다. 작은 기체의 창문을 통해 감청색 바다를 바라보는 하늘 위에서의 여행은 오키나와에서만 즐길 수 있다.
TEL 0570-025-071 HP rac.churashima.net

What to Bring to The Islands

외딴섬 여행에 가져갈 물건 리스트

이시가키 섬과 미야코 섬은 비교적 무엇이든 갖추고 있지만,
그 밖의 섬들은 편의점이나 가게가 없는 경우도 많다. 여행을 즐기려면 준비가 필요하다.
특히 여성은 자외선 차단 대책 용품을 잊지 말고 챙기자.

❶ 모자, 선글라스: 열사병을 주의하자! 눈 부신 햇살을 쐬다 보면 눈이 금방 피곤해진다. ❷ 수영복, 래시가드: 수영복만 입고 바다에 들어가면 화상을 입은 것처럼 피부가 그을린다. 얇은 티셔츠나 레깅스도 OK. ❸ 좋아하는 책: 해변이나 해먹, 숙소 등 외딴섬에는 독서에 적당한 장소가 가득하다. ❹ 숄: 해변에 깔거나, 에어컨 바람이 너무 셀 때, 다양한 경우에 귀한 보물이 된다. ❺ 카메라: 수중카메라를 추천한다. 물속의 감동을 집으로 가져갈 수 있다. ❻ 스노클링 세트: 마스크와 스노클만 가져가면 어디서든 바다에 들어갈 수 있다. ❼ 자외선 차단 대책 용품: 자외선 차단제를 꼼꼼히 바르고, 일광욕 후에는 마스크 팩 등으로 보습 관리를 하자. ❽ 원피스: 촉감이 좋은 원피스는 리조트 기분을 더욱 UP! ❾ 비치 샌들: 해변 필수 물품. 가까운 동네 산책 시에도 활약한다.

그 밖에 있으면 편리한 것
수건: 빨리 마르는 소재가 좋다.
지퍼가 달린 비닐봉지: 조개껍데기를 주워담는 등 여러모로 편리하다.

 # SHIMA KUTuBA

섬 방언을 사용해보자.

오키나와 섬에는 저마다의 방언이 존재한다.
방언을 사용하면 인사말을 건네면 섬사람과의 거리가 한층 좁혀진다.
방언을 외워서 이야기해보자!

	●표준어	●오키나와 본섬 (우치나구치)	●이시가키 섬 (야이마무니)	●미야코 섬 (먀쿠후츠쿠)
어서오세요	요-코소 ようこそ	멘소-레 メンソーレ	오-리타보-리 オーリタボーリ	쇼먀-치 ンミャーチ
고마워요	아리가또 ありがとう	니훼-데-비루 ニフェーデービル	니-화이유 ニーファイユー	탄디가탄디 タンディガタンディ
잘 지내다	겡끼 元気	챠-강쥬 チャーガンジュウ	챠-강쥬 チャーガンジュウ	파니파니 パニパニ
예쁘다	키레이 きれい	츄라카-기 チュラカーギー	압빠리샹 アッパリシャン	아파라기 アパラギ
맛있다	오이시이 おいしい	마-상 マーサン	마-상 マーサン	응마무누 ンマムヌ
대단하다	스고이 すごい	데-지 デージ	데-지 デージ	다이즈 ダイズ

●공통적으로 자주 사용하는 단어

건배 = 가리-

훌륭하다 = 죠-토

젊은 언니부터 나이 드신 아주머니까지 = 네에네에

젊은 오빠부터 나이 드신 아저씨까지 = 니이니이

아와모리 좁쌀 술 = 시마

짜증난다 = 와지와지스루

졸리다 = 니-부이

천천히 = 윤나~윤나~

개구쟁이 = 우-마쿠-

크다 = 마기-

태양 = 티다

요물, 마귀(魔物) = 마지문

저 세상 = 유가후, 구소-

2
CHAPTER

YAEYAMA SHOTŌ

야에야마 제도

八重山諸島

이시가키 섬 • 石垣島 🟠 **ISHIGAKIJIMA**

다케토미 섬 • 竹富島 🟢 **TAKETOMIJIMA**

고하마 섬 • 小浜島 🟡 **KOHAMAJIMA**

아라구스쿠 섬 • 新城島 🔵 **ARAGUSUKUJIMA**

구로 섬 • 黒島 ⚫ **KUROSHIMA**

이리오모테섬 • 西表島 🟠 **IRIOMOTEJIMA**

하토마 섬 • 鳩間島 🟠 **HATOMAJIMA**

하테루마 섬 • 波照間島 🟢 **HATERUMAJIMA**

CHAPTER 2　　YAEYAMA SHOTO

ISHIGAKIJIMA
이시가키 섬
石垣島

공방과 농원, 카페를 둘러보며
제작자와 나누는 대화를 즐긴다.

풍요로운 산과 바다로 둘러싸인 이시가키 섬에는 민간 도구나 도예, 소금, 허브 등 다양한 수제품이 있으며, 공방이나 농원에서 제작자와 직접 이야기를 나눌 수 있다는 점이 큰 즐거움이다. 섬은 바다를 바라보면서 일주할 수 있고, 도중에 카페나 간이음식점이 여기저기 흩어져 있다. 자연과 문화, 섬의 식도락을 즐길 수 있다.

―――――――――― SHIMA DATA ――――――――――

- 인구 / 47,875명(2014년 3월 현재)
- 면적 / 229km² · 둘레 / 139.2km
- 섬까지 가는 방법 / 나하 공항에서 이시가키 신공항까지 비행기로 1시간, 미야코 공항에서 이시가키 신공항까지 비행기로 30분
※ 일본 주요 도시에서 출발하는 직항편도 있음
- 섬 내 교통수단 / 렌터카, 버스, 오토바이·자전거 대여
- 가게 / 요리점, 식당, 카페, 편의점, 상점 등 다수

2m 원형 자리를 짜는 미치코 씨의 친척 아주머니, 마에카와 도시 씨. 한 바퀴 돌려서 짜는데 하루, 재료를 모아서 완성하기까지는 약 3개월이 걸리는 대작이다.

CRAFTS ╳

야치문칸 사무사라
やちむん館 紗夢紗蘿
YACHIMUNKAN SAMUSARA

일상생활에서 태어난 민예
해지는 것이야말로 직물의 일생

1

사탕수수와 월도 생강과의 여러해살이풀 밭을 지나서 야치문칸 사무사라 공방의 정원으로 들어가면 수령 200년의 커다란 가쥬마루 나무 뽕나뭇과의 상록교목 가 양팔을 벌린 것처럼 솟아 있다. 나뭇잎이 바람에 흔들리고, 그 사이로 비치는 햇빛은 성스러울 만큼 아름답다. 주인 이케하라 미치코 씨는 "이 가쥬마루 나무를 보러 오는 사람이 많아요. 200년이나 살아 있는 나무와 비교하면 우리는 그저 한 시대의 자그마한 부품 같은 것이죠. 그래서 우울할 때는 활력을 주십사 기도해요"라며 나무를 올려본다. 이 땅은 다케토미 섬에서 이주해온 선조가 살았던 촌락이다. 할아버지가 고치고 미치코 씨가 우물을 복원해서 선조에게 물려받은 손재주를 계승하여 공방을 운영하고 있다.

월도로 만든 바구니, 나무 열매로 만든 액세서리, 파초포 파초 섬유로 짠 천으로 오키나와 특산품 로 만든 옷, 이곳에 있는 상품은 모두 자연으로 되돌아갈 물건뿐이다. 아단나무 짚신은 그야말로 다다미 위를 걷는 듯 상쾌한 착용감을 자랑한다. 원형 자리 위에 누우면 마른 풀의 냄새가 확 퍼지는데, 마치 풀숲에 들어온 것처럼 기분이 좋다. 공방에는 지름 2m의 큰 원형 자리가 있어 휴식공간으로 이용된다. "아단나뭇잎은 바람이 잘 통해서 여름에는 시원하고, 겨울에는 체온을 보존해주어서 따뜻해요. 고양이나 개도 몸 상태가 나빠지면 반드시 이 위에 누워요. 동물도 본능적으로 기분 좋은 곳을 아는 거죠."

1 이시가키 섬의 민예품인 아단나무 짚신. 야치문칸 사무사라 짚신은 끈에 낡은 천을 말아서 만든 오리지널 제품 ¥3,200
2 파초포로 만든 주머니 ¥38,000, 삼베를 감물로 염색한 바구니 ¥30,000, 삼베 바구니 ¥27,000
3 움직이지 않는 시간이 없을 정도로 항상 뭔가 하고 있는 미치코 씨. 어릴 때는 산과 들을 뛰어다니고 강에서 새우를 잡을 정도로 말괄량이였다고 한다.

일하는 풍경을 보고 싶다고 하자 "그럼 자색 고구마를 캐러 가시죠!"라며 밭으로 안내해주었다. "저는 밭에서 일하는 하루사(사람, 오키나와 방언)이니까요. 농작물이나 생활에 필요한 것을 식물이나 천으로 만드는 거예요"라는 미치코 씨. 민예란 서민의 생활 속에서 탄생한 물건의 아름다움이다. 물건 만들기와 생활이 밀접하게 이어져 있고, 자연의 사이클이 순환하고 있다.

미치코 씨는 이시가키 시 시라호 출신으로 21세 때 우연히 이시가키 시 시내에 있던 토산품 가게를 이어받아 야치문칸 사무사라를 시작했다. 처음에는 도기가 중심인 가게였는데 "어떤 할아버지가 이거 팔아볼까? 하시면서 민예품을 가져오셨어요. 그 맛에 반해서 전부 사들였죠." 그 뒤로도 "할아버지, 이거 좀 더 크게 만들 수 있으세요?", "짚신 끈에 헌 천을 말면 더 좋을 거 같아요"라며 섬의 어르신들과 연구하며 현대적인 상품을 늘려왔다고 한다.

그리고 1978년, 시가지 점포가 협소해져서 이 공방을 설립했다. 병설 갤러리에는 기모노를 재활용한 잡화도 많다. 미치코 씨는 "옛날에는 삼베나 면을 손바느질해서 소중하게 입었죠. 낡으면 평소에 입는 일상복이나 잠옷, 작업복, 기저귀, 행주 등 여러 가지로 연구해 끝까지 사용했어요. 해지는 것이야말로 천의 일생이라고 할 수 있어요"라고 힘주어 말한다. 밭을 걸으면서 느긋하게 야에야마 민요를 부르는 모습은 생명력이 넘치는 섬의 자연 그 자체다. "옛 생활로 돌아갈 수는 없지만 가능한 한 자연으로 돌아갈 수 있는 물건을 사용할 수는 있어요. 자연에 감사하며 공존하고, 선조의 지혜를 생생하게 살려서 다음 세대에게 남기고 싶어요."

여행의 재미는 사람들의 다양성 넘치는 생활에 있다. 다른 가치관을 접하면 자신의 환경을 되돌아볼 수 있고, 앞으로의 인생에 커다란 의미를 부여하기도 한다. 미치코 씨와 가쥬마루 나무를 만나기 위해 나는 이런 작업을 하고 있는지도 모른다.

4 공방 정원을 지켜주는 시사 5 야에야마 공방에서 만든 그릇 6 상아화와 봉황목, 나무 열매를 사용한 액세서리도 풍부하다. 7 밭에서 채취한 칸나 열매. 염주나 목걸이가 된다.

야치문칸 사무사라

ACCESS 이시가키 신공항에서 차로 5분 P137 MAP-A 공방
ADD 이시가키 시 시라호 1960-15 ※ 시가지에도 점포가 있음
石垣市白保1960-15
TEL 0980-86-8960
OPEN 10:00~17:00 (비정기 휴무)
HP www.yachimunkan.co.jp

시간과 정성을 들여 만든 아에야마 민예품이 즐비한 갤러리. 전국적으로 팬이 있어서 오키나와 현 밖에서 열리는 전시 판매회도 인기가 많다고 한다.

020 　　CHAPTER 2.　　YAEYAMASHOTŌ

SEA 二

가비라 만
川平湾
KABIRAWAN

유유히 헤엄치는 열대 쥐가오리는
하늘을 나는 비행선 같다

가비라 만
ACCESS　이시가키 신공항에서 차로 40분 P137 MAP-A 바다
ADD　　이시가키 시 가비라
　　　　石垣市川平
TEL　　0980-82-1535(이시가키 시 관광과)

※ 글래스 보트 티켓은 ¥1,030. 가비라 공원 내에서 구입 가능.
스노클링 투어는 각 해양투어회사에서 예약할 수 있다.

ISHIGAKIJIMA 021

일본의 절경 중에 하나로 손꼽히며 그린 미슐랭에서도 별을 획득한 가비라 만. 전망대에서는 그림처럼 아름다운 풍경을 바라볼 수 있다. 이곳으로 친구를 안내하면 '이런 풍경을 볼 수 있다니, 이시가키 섬에 오길 잘했어'라며 다들 입을 모은다.

만을 순환하는 글래스 보트는 물에 젖지 않고 바닷속 세상을 만끽할 수 있다. 출발해서 1분도 지나지 않아 유리로 된 보트 바닥으로 열대어가 산호초 주위를 헤엄치는 모습을 볼 수 있다.

그리고 가비라 바다의 진수는 뭐니 해도 쥐가오리를 만날 수 있는 스노클링 투어! 쥐가오리는 세계에서 제일 큰 가오리 종류로 바닷속을 헤엄치는 모습은 마치 날개를 펼쳐 하늘을 나는 비행선 같은 바다의 영웅이다. 현지 가이드에 따르면 여름부터 가을 시즌에는 바다가 거칠어지지 않는 한 90%의 확률로 쥐가오리를 만날 수 있다고 한다. 운이 좋다면 한 번에 많은 쥐가오리와 만나기도 한다. 최근에는 부근에 만타 쥐가오리 시티라고 불리는 새로운 장소가 발견되어서 여름철에는 수많은 배가 찾아온다.

한여름의 뜨거운 아침, 쥐가오리를 만나기 위해 배에 올라타고 드디어 출발. 장소는 가비라 만에서 배로 5~10분 정도 떨어진 곳이다. 물속으로 들어가 잠시 지나자 돌연 가이드가 신호를 보낸다. 손가락으로 가리키는 방향을 보자 멀리 검고 커다란 덩어리 같은 물체를 발견! 3m 정도의 쥐가오리가 점점 다가왔다. 그 모습은 정말 유유히 하늘을 나는 비행선 같았다. 나는 마음속으로 '쥐가오리! 쥐가오리!'라고 몇 번이나 소리 질렀다.

육지로 올라와서 시간이 지나도 바다의 영웅과 만난 흥분은 가라앉지 않았다. 그 날을 경계로 쥐가오리 병에 걸려서 머릿속에서 쥐가오리가 헤엄치는 모습이 떠나지 않는다.

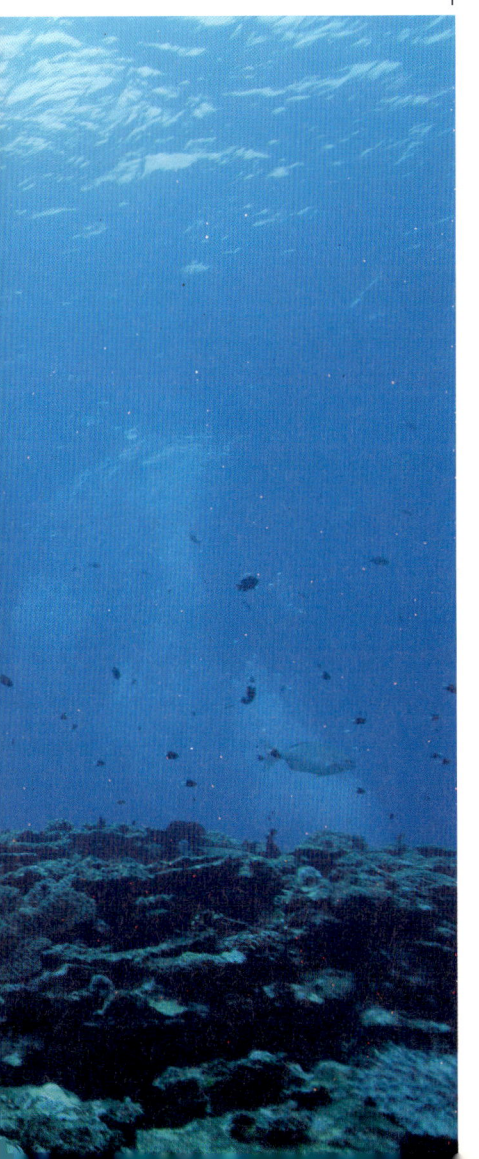

1

2

1 바닷속을 떠도는 플랑크톤을 먹으러 오는 쥐가오리. 몸에 붙은 기생충을 먹으므로 놀래기 등 작은 물고기가 모이는 장소에도 찾아온다.
2 가비라 공원 내를 산책하면 또 다른 각도에서 가비라 만을 바라볼 수 있다.

022　　　CHAPTER 2　　　YAEYAMASHOTŌ

VILLAGE △

시라호 촌락
白保集落
SHIRAHO SHŪRAKU

산호에 시장에 케이크 가게
촌락 산책을 즐기자

시라호 일요시장
ACCESS　이시가키 신공항에서 차로 5분
　　　　P137 MAP-A 시장
ADD　　이시가키 시 시라호 118 WWF
　　　　산호초 보호 연구센터〈시라호 산호촌〉내
　　　　石垣市白保118　WWFサンゴ礁保護
　　　　研究センター「しらほサンゴ村」内
TEL　　0980-84-4135
OPEN　매주 일요일 개최 10:00~13:00

과자의 집 PAPIRU
ACCESS　이시가키 신공항에서 차로 5분
　　　　P137 MAP-A 카페
ADD　　이시가키 시 시라호 51
　　　　石垣市白保51
TEL　　050-3760-1622
OPEN　10:00~20:00 ※ 매진되면 종료(월요일 정기 휴무)
HP　　ameblo.jp/papiru-ishigaki/

〈세계 최고 산호초를 지키고 자연에 뿌리내린 생활을 영위합니다〉라는 현장을 내걸고 환경보전에 노력하는 시라호 촌락

1 회갈색으로 보이지만, 내부의 뼈가 푸른색이어서 푸른 산호라고 불린다. 2 카납파 런치 플레이트. ¥1,300(세금 포함). 산호초 생선튀김, 파래튀김, 밀기울과 갯무 찬푸루(오키나와 요리로 두부와 야채를 지져 만든 가정 요리) 3 시장에 놀러 온 동네 여자아이들. 안쪽 광장에서는 샤미센 교실 선생님이 라이브 연주회를 연다. 4 과자의 집 PAPIRU의 케이크, 앞쪽부터 화이트롤 ¥230과 후르츠롤 ¥289

이시가키 신공항에서 차를 타고 남쪽으로 내려가길 약 5분, 왼편으로 펼쳐지는 새파란 바다를 부디 놓치지 않길 바란다. 시라호의 바다는 세계최대급으로 푸른 산호초가 펼쳐진 귀중한 바다이다. 세계에는 약 800종류의 산호가 생식하고 있는데 시라호에는 그 가운데 약 160종류가 있다. 바다에 들어가고 싶다면 민박이나 관광서비스 투어에 참가하자. 푸른 산호와 하마 산호가 바다 밑 한 면에 펼쳐지고, 그 사이를 화려한 열대어들이 기분 좋게 헤엄치는 광경과 마주할 수 있다.

옛날부터 시라호 사람들은 농사를 지으면서 물이 빠지면 바다로 나가고, 비가 오면 민예품을 만드는 반농반어 생활을 했다. 매주 일요일 아침 10시부터 열리는 시라호 일요시장에서는 관광지에서 간과하기 쉬운 섬의 생활을 엿볼 수 있다. 상품은 신선한 채소와 과자 외에도 히비스커스 꿀을 뿌린 빙수와 직물 잡화까지 시라호 촌락에서 만든 수제품뿐이다. 만든 사람과 직접 이야기를 나눌 수 있다는 점도 시장에서만 맛볼 수 있는 즐거움이다.

보기에도 예쁘고 먹으면 맛있어서 감격하는 카납빠 런치 플레이트는 푸른 파초 잎 위에 동네 아주머니들이 가져온 가정요리가 정갈하게 놓여 있어 품격이 느껴진다. 소박하지만 재료의 참맛을 최대한으로 살린 지역 여성의 지혜가 담겨 있다.

시장에서 요기한 다음에는 촌락 산책에 나서자. 오키나와의 옛 풍경은 어딘가 정겹고 편안하다. 촌락에는 '과자의 집 PAPIRU'라는 예쁜 케이크 가게도 있다. 흑당과 파인애플 등 오키나와의 신선한 재료를 사용한 케이크를 맛볼 수 있어서 지역 어린이들에게도 큰 인기를 얻고 있다. 푸른 산호 군락의 바다에서 수영도 하고, 시장에서 쇼핑도 하고, 케이크도 먹고, 지역 주민들과 어울리면서 촌락 산책을 즐기자.

어르신 세트 ¥350. 순두부, 죽, 비지 된장볶음, 계란말이, 두유. 젊은 사람도 OK.

FOOD

히가 두부
とうふの比嘉
TŌFU NO HIGA

행복한 하루를 시작하는
순두부 세트 350엔

히가 두부
ACCESS 이시가키 신공항에서 차로 30분
        P137 MAP-A 식사
ADD   이시가키 시 이시가키 570
        石垣市石垣570
TEL   0980-82-4806
OPEN   6:30~15:00(일요일 정기 휴무)
※ 요금은 전부 세금 포함 가격

1 포장용 두부 ¥180. 깔끔하고 묵직한 맛이다. 2 사이좋은 부부 죠지 씨와 아케미 씨 덕분에 이렇게 맛있는 두부가 탄생했다. 3 새벽 3시 반부터 준비를 시작하는 아케미 씨. 물을 붓고 콩을 삶는 과정이 기계로 만드는 두부와 가장 큰 차이점이다. 천천히 간수를 치면 순두부가 완성된다. 4 8년 전에 두부 가게 앞에 내어놓은 테이블 하나로 시작한 식당

맛있는 아침밥을 먹으면 '행복한 인생이구먼'하는 생각이 자연히 드는 것이 참 이상하다. 새벽 6시 반, 사탕수수밭 한가운데에 난 길을 '이 길 끝에 뭐가 있을까?'하고 궁금해하며 걷다 보면 불이 켜진 건물이 하나 보인다. 테라스 자리에는 손님이 모두 모여 앉아 두부를 먹고 있다. 메뉴는 순두부 세트 소 350엔과 순두부 소바 중 450엔, 두부 찬푸루 정식 550엔 등 모두 두부다. 따끈따끈한 순두부는 입에서 살살 녹는 식감에 콩 맛이 진하다. 대두의 영양분이 몸속으로 스며들어서 몸이 기뻐하는 것이 느껴진다. 주전자에 든 두유는 리필 가능하다는 점도 기분 좋은 서비스다.

히가 두부는 히가 죠지 씨의 할머니 대부터 60년간 이어온 전통 있는 가게다. 죠지 씨는 "옛날에는 섬에서 열 집 중 한집은 두부 가게일 정도로 두부는 집 근처에서 사는 음식이었어요. 슈퍼에서 두부를 팔게 되었지만, 어머니는 계속 맛을 지키셨죠. 어머니의 고집은 아무튼 손을 대지 않는 것입니다. 만지면 만질수록 두부 맛은 무너진다고요. 어머니의 기술을 지금은 부인 아케미가 이어가고 있습니다"라며 아내를 칭찬한다. 두 사람이 고안한 메뉴 중에서 독특한 건 해초, 오징어젓, 연어 알, 달걀프라이 등 전부 100엔인 곁들임 반찬이다. "요청에 따라 자꾸 늘어났어요. 담백한 두부에는 짠 게 어울리고, 뭔가 재밌잖아요?"

날이 밝아오면 손님은 더 늘어난다. 아침 식사용 두부를 사러 오거나, 출근 전에 두부를 즐기러 들리기도 한다. 따끈따끈한 두부는 섬의 아침 일상 풍경이다. 한 그릇의 순두부로 행복한 하루를 시작할 수 있다.

FOOD 04

펭귄 식당
辺銀食堂
PENGIN SHOKUDŌ

먹보 만세!
중국×오키나와의 깊은 맛이 넘치는 밥

	펭귄식당
ACCESS	이시가키 항 이도 터미널에서 도보 8분 P137 MAP A1 식사
ADD	이시가키 시 오오카와 199-1 石垣市大川199-1
TEL	0980-88-7803
OPEN	11:30~매진 시까지, 18:00~22:00(LO) (일요일 정기 휴무, 비정기 휴무)
HP	penshoku.com

앞에서부터 간판 메뉴인 섬 채소 나물 ¥741
술돼지(술지게미를 먹고 자란 돼지)로 만든 물만두 ¥463
이시가키산 소와 섬 채소로 만든 돌판 라유 볶음 ¥1,204

펭귄 식당을 찾으면 항상 묵묵히 먹기만 한다. 요리가 너무 맛있어서 먹는 즐거움을 음미해야 하기 때문이다.

오키나와 산 음식 재료를 기반으로 넓은 세계관을 갖고 있는 펭귄 식당의 요리. 주인은 중국의 서안 출신으로 향료 사용의 달인 펭긴 교호 씨와 도쿄 태생으로 미국에서 자라 세계 요리에 일가견이 있는 아이리 씨다. 혈통서를 완비한 먹보 두 사람은 사랑하는 '섬 바나나'가 있다는 점이 마음에 들어 1999년 이시가키 섬으로 이주했다. 섬 두부와 섬 고춧가루, 피파치 섬 후추 등 미지의 음식 재료를 발견하고, 매일 집밥을 맛있게 먹을 수 있는 요리법을 연구했다. 그래서 탄생한 것이 펭귄 식당과 이시가키 섬 라유다.

아이리 씨가 "처음 먹었을 때는 콩으로 만든 케이크인 줄 알고 깜짝 놀랐다"는 섬 두부는 소금과 시콰사로 만들어 단순하다. 섬 채소 나물은 채소의 식감과 맛을 먹어서 비교해 볼 수 있다. 이시가키 섬의 희소 브랜드 돼지를 사용한 술돼지로 만든 물만두는 돼지고기 맛에 깜짝 놀랄 것이다.

손에 넣기 힘든 이시가키 섬 라유 시리즈를 무제한으로 즐길 수 있는 것도 매력적이다. 중국에서는 가정에서 직접 만드는 것이 당연한 라유는 교호 씨에게 고향의 맛을 만들어주고 싶은 아이리 씨의 마음에서 탄생했다고 한다.

영화 〈펭귄 부부의 만드는 법〉의 실제 모델인 먹보 부부는 "이 땅에서 난 음식을 먹으면 땅의 일부가 된다"고 말한다. 배를 쓰다듬으며 식당을 나올 때, 우리 몸속에는 섬 대자연이 들어 있다.

1 흑당 진저비어와 웃칭(UCCHIN) 진저에일, 유기농 콜라, 과일 주스 등 음료도 개성 만점 2 감칠맛 나는 마른 새우와 야차이가 향긋한 짜장면, 베이징에 사는 교호 씨 이모의 조리법을 활용한 것 3 식당에서 식사하면 구매할 수 있다. 오른쪽부터 펭귄 식당의 마늘 라유 ¥783, 이시가키 섬 라유 ¥783, 이시가키 섬 라유(무척 매운맛) ¥831 4 대륙의 정취가 느껴지는 분위기의 교호 씨와 여장부 스타일의 아이리 씨, 무척 귀여운 외동아들 타오 군

CAFE

섬 채소 카페
Re:Hellow BEACH
島野菜カフェ
SHIMAYASAI CAFE 리헬로우 비치

미지의 채소에 두근두근
웃음 넘치는 바닷가 카페

1

조금 세련되게 섬 채소를 먹고 싶다면 바닷가 섬 채소 카페를 추천한다. 간판 메뉴는 섬 채소 냉 바냐 카우다 Bagna càuda 로 파초일엽과 섬 당근, 여주, 강낭풀, 자색고구마, 섬 단호박 등 일본 본토에서는 들어보지도 못한 이름의 섬 채소가 양동이에 가득 담겨서 등장한다. 직원이 세심하게 채소를 설명해주는데, 그때마다 '오~!', '아~!' 하고 무심코 감탄하게 된다. 처음 보는 채소와의 만남에 두근거림이 멈추질 않는다. 처음에는 소금으로, 다음에는 스쿠가라스 독가시치 젓갈 와 섬 마을 소스로 먹어보는 등 맛의 변화도 즐길 수 있다.

주인인 셰프 에비누마 쥰이치 씨는 "마치 애드립처럼요, 제철 채소로 무슨 요리를 만들지, 그때그때 생각하는 게 재미있죠"라고 말한다. 도쿄의 하와이 음식점에 근무했으나 여행으로 찾은 이시가키 섬에서 아름다운 바다와 맛있는 섬 채소에 감명받아 이시가키 섬으로 이주하여 2010년에 가게를 열었다. 초반에는 채소 손질하느라 고생했지만, 가게가 평판을 얻고 나서부터는 풍부한 종류의 채소가 여기저기서 모이게 되었다. 에비누마 씨는 "농가 주인분들도 가게를 찾아주시죠. '내가 키운 채소가 이렇게 요리될 줄이야'하고 기뻐해 주실 때가 제일 기쁩니다"며 미소 짓는다.

가게 이름에는 '웃음과 인사를 반복한다'는 뜻이 담겨 있다. "도쿄에 살 때는 피로에 절어서 너무 힘들었어요. 하지만 지금은 아무리 바빠도 일하다 말고 잠시 바다를 슬쩍 바라보기만 해도 피로가 풀립니다"라는 에비누마 씨. 가게 내부를 돌아보니 직원도 손님도 모두 웃는 얼굴이다. 아름다운 바다를 바라보며 신선한 섬 채소를 먹는 공간에서 활력을 가득 충전해보는 건 어떤지?

바닷가의 카페. 음악 이벤트도 자주 개최한다. 밤에는 훌라댄스 쇼도 한다고.

ISHIGAKIJIMA

섬 채소 카페 Re:Hellow BEACH

ACCESS	이시가키 신공항에서 차로 20분
	P137 MAP-A 카페
ADD	이시가키 시 마에자토 192-2
	石垣市真栄里192-2
TEL	0980-87-0865
OPEN	11:30~심야 0:00(비정기 휴무)
HP	rehellow.com

1 장명초와 요구르트로 만든 건강 스무디 ¥750. 이시가키 섬의 노란색 섬 당근과 시콰사로 만든 하와이언 푸딩 ¥580. **2** 섬 채소 냉 바냐 카우다 ¥1,200(양동이 세트). 호박은 굽고, 고구마는 찌고, 콩은 삶는 등 재료에 따라 조리법이 다르다. **3** 카페 테라스에서 바다로 내려가는 길. 테라스 자리 아래쪽에는 해먹이 있어서 배불리 먹고 낮잠도 잘 수 있다. **4** 에비누마 셰프(왼쪽에서 두 번째)와 멋진 미소의 직원 여러분

SWEETS

미루미루 본점
ミルミル本舗
MIRUMIRU HONPO

아름다운 경치를 구경하며 먹는
남쪽나라 과일로 만든 특급 젤라토

미루미루 본점

ACCESS 이시가키 신공항에서 차로 40분 P137 MAP-A `디저트`
ADD 이시가키 시 아라카와 1583-74
石垣市新川1583-74
TEL 0980-87-0885
OPEN 10:00~일몰(무휴)

※ 이시가키 신공항 안에도 지점 있음

새파란 바다를 볼 수 있는 웅장한 경치. 해 질 무렵, 아주 드물게 태양이 수평선으로 지기 직전에 빛나는 그린 플래시 현상이 일어난다.

ISHIGAKIJIMA

섬 서해안에서 조금 높은 언덕을 올라가면 보이는 것은 푸른 하늘에 비치는 새하얀 건물이다. 넓은 잔디밭 너머로 다케토미 섬과 이리오모테 섬, 고하마 섬, 구로 섬, 아라구스쿠 섬 등 7개 섬이 한눈에 들어오는 특급 경치가 펼쳐지는 이곳은 이모리 목장 직영 젤라토 가게 미루미루 본점이다.

가게 안으로 들어서면 황금빛 파인애플과 망고, 분홍빛 구아바, 초록빛 클로렐라 등 눈부실 정도로 화려하고 선명한 젤라토가 즐비하다. "착색료 쓰시죠?'라는 질문을 자주 받는데 전부 과일 자체의 색깔입니다. 완전 무착색. 섬의 신선한 재료만으로 이렇게 색깔을 낼 수 있답니다"라고 이모리 사장은 밝힌다. 아기도 먹을 수 있도록 안심, 안전이 콘셉트라고 한다.

목장에서는 섬의 아이들이 매일 마시는 우유를 만든다. 큰 책임을 가진 만큼 외양간의 온도 관리를 철저히 하고, 사이좋은 소는 서로 붙여두는 등, 소의 스트레스 경감을 위해 배려하고 있다. 그리고 2009년 '애써 만든 맛있는 우유를 여행자에게도 맛보게 하고 싶다'는 생각에 목장 한쪽에 가게를 만들었다. 젤라토 맛을 끌어내는 것은 섬 농가에서 직접 키운 신선한 과일로 비타민이 가득한 과일의 맛을 그대로 살렸다.

메뉴는 망고와 시콰사, 섬 바나나, 소금 흑당 등 계절에 어울리는 12가지로 바다를 바라보며 젤라토를 한입 베어 물면 농후한 과일과 우유의 달콤함이 혓바닥 위에서 천천히 녹아든다. 무척 달콤하지만, 뒷맛은 상쾌하다. 자연의 단맛을 살렸기 때문이다. 경치를 바라보며 먹는 특급 디저트. 해가 지는 시간에 맞춰 방문하면 섬들에 그림자 지우며 가라앉는 태양을 볼 수 있다.

1 목장에서만 맛볼 수 있는 우유 ¥300 와 이시가키 소로 만든 미루미루 버거 ¥470 2 서해안 높은 언덕에 위치한 가게. 이모리 사장은 16살 때 이곳을 방문한 후 가졌던 '언젠가 이곳에서 일을 하겠다'는 꿈을 이루었다. 3 젤라토의 선명한 색에 시선을 뺏긴다. 모두 반지르르 하니 맛있어 보인다. 4 뭘 골라야할지 고민된다면 반반으로! 자색고구마와 섬 바나나 하프&하프 ¥320

HERB

이시가키 섬 고쇼엔
石垣島胡椒園
ISHIGAKIJIMA KOSHOEN

장미에 민트에 레몬그라스
허브의 생명을 받을 수 있는 곳

이시가키 섬 고쇼엔

ACCESS	이시가키 신공항에서 차로 20분
	P137 MAP-A 허브
ADD	이시가키 시 히라에 1021
	石垣市平得1021
TEL	0980-82-7038
OPEN	9:00~18:00(방문 시 문의, 비정기 휴무)
RATES	식품 무첨가·이시가키 섬 약초요리 체험
	¥2,000
	(세금 포함, 3명 이상 예약 가능)
HP	www.herb-ishigaki.com

1

2월 초 이시가키 섬 고쇼엔을 찾았을 때, 허브 농원은 만개한 장미로 둘러싸여 있었다. 트레이드마크인 모자를 쓴 다케니시 요코 씨는 "보세요, 이 꽃 예쁘죠? 따지 않으면 새로 꽃이 피지 않아요. 꽃에 둘러싸여서 사람들을 기쁘게 하는 이런 일을 그만둘 수가 없어요"라며 양손 가득히 꽃잎을 들려주었다.

허브 가공 판매와 허브 교실을 운영하는 이시가키 섬 고쇼엔. 민트와 레몬그라스, 마리골드, 레몬 머틀, 히비스커스 등 다케니시 씨가 무농약으로 키우는 허브는 시판 상품과는 비교할 수 없을 정도로 좋은 향기가 난다. 허브 교실에서는 장미나 허브를 사용한 잼과 소금으로 스콘, 죽, 초밥까지 누구나 깜짝 놀랄 만큼 화려한 요리를 만든다.

"약효보다도 우선 보는 즐거움이 중요해요. 아이가 어릴 적에 밥을 먹질 않아서 정원의 쿠미스쿠친 차조기 과의 다년초 꽃잎을 국에 띄워줬더니 굉장히 좋아하면서 잘 먹더라고요. 저는 한 가정의 최고 의사는 어머니라고 생각해요. 어머니가 음식을 통해서 가족의 건강을 지켜야 하죠."

다케니시 씨의 마법에 걸리면 죽도 화려하게 변신한다. 찰수수와 장미, 사과, 레몬 필을 함께 조려서 작은 접시에 담은 것을 크래커에 발라먹는다. "한 접시에 계절감과 영양가를 함께 담았어요. 하루 세 번밖에 못 먹잖아요. 즐겁게 식사하고 싶지 않나요?"

다케니시 씨가 민트와 레몬그라스가 든 티 포트에 뜨거운 물을 따르자 유리 속의 순식간에 예쁜 녹색으로 변한다. "이렇게 허브를 직접 보면서 마시면 생명을 받는다는 게 무슨 뜻인지 잘 아시겠죠?" 다케니시 씨가 마음을 담아 키워낸 허브는 목과 몸을 적시고, 마음마저 적신다.

1 장미꽃을 따는 다케니시 씨. 10~6월까지가 적기라고 한다. 잼은 장미 외에도 피파치와 오디, 로젤 등을 판매하고 있다. 2 허브 스콘에 장미 잼과 사워크림, 크림치즈를 섞은 요구르트를 곁들인다. 피파치와 소금을 따로따로 뿌리면 완성 3 다케니시 씨가 그린 섬 허브의 보타니컬 아트 포스터. 독학으로 공부했다고 한다. 뛰어난 관찰력을 엿볼 수 있다. 4 계절채취 허브티 ¥500. 갓 딴 민트, 레몬그라스, 마리골드, 레몬 머틀이 들어간 허브티. 방 가득히 상쾌한 향이 퍼진다.

가주마루 나무 그늘 아래 흔들리는 해먹은 삼대째. 하늘과 바다를 바라보며 언제까지고 흔들흔들 누워 있고 싶다.

CRAFTS X

안파루 도방 · 미야라 농원
アンパル陶房·宮良農園
ANPARUTŌBŌ·MIYARANŌEN

반은 도방, 반은 농가 생활을 하는
어떤 가족 이야기

안파루 도방·미야라 농원
ACCESS 이시가키 신공항에서 차로 40 분
         P137 MAP-A 공방
ADD   이시가키 시 아라카와 1134
        石垣市新川1134
TEL   0980-83-4077
OPEN   11:00~18:00 (수요일 정기 휴무)
HP   miyara-nouen.com

약 40년 전, 이시가키 섬 무인도 투어에서 만나 사랑에 빠진 두 사람이 아이 셋을 얻었다. 이시가키 섬 출신으로 에너지 넘치는 아버지로 고인이 된 미야라 다케시 씨와 지바 현 출신으로 도예가인 어머니 마치코 씨. 말을 키우고, 수박을 팔고, 간이음식점을 여는 등 보통 가정과는 약간 다르지만, 웃음소리로 가득한 집이다. 성장한 아이들은 세 명 다 오키나와 본섬에 있는 현립예술대학을 졸업하고 집으로 돌아왔다. 안파루 도방·미야라 농원은 이처럼 사이좋은 가족이 경영하는 가게다.

농원 입구에서 맞이하는 건 커다란 가쥬마루 나무와 해먹이다. 바람에 흔들리는 모습이 '이리와, 느긋하게 즐겨'라고 유혹하듯 어깨 힘이 쑥 빠져버린다. 간이음식점에서는 제철 과일로 만든 주스나 과일을 먹을 수 있다. 바로 옆 공방에서는 장녀 유나 씨와 장남 단 씨가 만든 도기를 구경할 수 있다.

"열 살 때부터 야치문 도기을 만들어서 축제 때 용돈을 벌었죠"라고 이야기하는 유나 씨. 염소 장식품과 작은 새 모양의 소품 수납함 등 귀여운 동물 시리즈는 여성 손님에게 인기가 많다고 한다. 단 씨의 작품은 깊이가 느껴지는 색과 아름다운 곡선이 특징이다. '야에야마 옛 도기와 도자기에 힘을 쏟고 싶다'는 의욕을 불태우며 신진기예의 젊은 작가로 주목받고 있다.

차남 다쿠미 씨는 상품 패키지 디자인과 농원 관리, 어머니는 간이음식점을 담당하고 있다. 반은 도방, 반은 농원 생활 중인 네 명이 만든 공간은 찾는 사람의 마음을 풀어준다. 바다를 바라보거나, 흔들리는 해먹에 누워도 보고, 제철 과일의 맛에 놀라다 보면 일상의 나쁜 일을 잊고 마음속까지 느긋해진다.

1 간이음식점에서 해변까지 걸어서 1분. 해 질 무렵 애견 시로와 해변으로 내려가는 것이 일과 중 하나라는 유나 씨. "바다는 매일 봐도 질리지 않아요. 몇 시간이 지나도 돌아오지 않는 손님도 많은 걸요." 2 여간해서 찍을 일이 없다는 귀중한 가족사진. 가족이기에 최고의 호흡을 자랑하며 일할 수 있다. 3 유나 씨와 단 씨의 작품이 진열된 갤러리. "농사 작업 중 틈틈이 집중해서 만드는 바람에 탄생한 작품이 있다고 생각합니다"라고 말하며 단 씨가 웃었다.

CRAFTS

난토야키
南島燒
NANTOYAKI

견딜 수 없을 만큼 동식물을 사랑하는
영원한 소녀가 만드는 섬의 토기

난토야키
ACCESS 이시가키 신공항에서 차로 40분 P137 MAP-A 공예
ADD 이시가키 시 가비라 1218-263
石垣市川平1218-263
TEL 0980-88-2428
OPEN 10:00~18:00(비정기 휴무)

※ 그릇 예약은 몇 개월 대기 상태로 공방에서 바로 구매할 수 없다.
  그림이나 그릇 취향 등을 알려주면 나중에 보내준다.

부지 내를 맑게 흐르는 물. (안쪽부터 시계방향으로) 산호와 화이어고비가 그려진 컵&컵 받침 ¥3,500~, 쥐가오리 밥그릇 ¥2,000, 호반새 밥그릇(대) ¥2,500, 바다거북 찻잔 ¥1,300~

1

2

3

한 발짝 들어갈 때마다 '여기가 천국이구나'하고 긴장이 풀린다. 가비라만 부근의 깊은 숲 속에 있는 난토야키 공방이다. 부지 내에는 맑은 물이 흐르고 커다란 풀고사리가 하늘을 우러러보고 있으며 새빨간 봉황목과 히비스커스도 활짝 피어 있어 마치 그림책과 같은 세계가 펼쳐진다. 양지의 벤치에는 언제나 좋은 향을 풍기는 코나 커피가 준비되어 있다. 도예작가 나미 롤리머 씨가 손님이 언제든지 찾아와도 괜찮도록 마련해둔 것이다.

나미 씨가 작품에 그리는 건 산호바다에서 유유히 헤엄치는 바다거북과 흰동가리 외에도 삐르르르 맑은 울음소리로 봄소식을 알리는 호반새 등 사랑스러운 동식물이다. 젊은 시절에는 바다의 색을 내보겠다고 푸른 그릇을 고집했었지만, 생물과 식물 그림을 포인트로 넣었더니 모두 좋아해 주고 또 그런 요청에 맞추다 보니 지금의 스타일로 바뀌었다고 한다.

오카야마 현에서 비젠 도자기 수업을 하던 나미 씨가 이시가키 섬으로 이주한 건 약 35년 전이다. 산속에서 아이 둘을 기르며 고생도 많이 했지만, 섬의 흙과 짚을 고집해서 모두 수작업으로 그릇을 만들었다. 아침에는 새가 지저귀는 소리에 눈을 뜨고, 근처 산 정상의 바위 그늘에서 낮잠을, 저녁에는 가비라 만까지 개를 산책시키러 가는 것이 매일의 풍경이다. "이 나비는 어떤 날개를 가졌을까, 이 새는 어떤 소리로 구애할까, 아무튼 관찰하는 게 너무 즐거워요." 그 감동이 그릇으로 표현된다.

내가 사려고 한 건 그릇 바닥에 스마일 마크가 그려진 수프 접시. "이런 게 있으면 재밌잖아요?"라며 나미 씨는 장난스럽게 웃었다. 계절이 바뀔 때마다 수프 접시를 보고 '나미 씨는 요즘 어떻게 지내려나. 또 가서 정원에서 코나 커피 마시고 싶어~' 이런 생각을 하게 된다.

1. 물레를 돌리는 작업장에서는 사계절 철마다 꽃이 필 수 있도록 식물을 심어두었다. 2 안채와 공방 사이에 놓인 작은 다리. 아이들이 어릴 때는 강에서 새우와 게를 잡아서 저녁 반찬으로 먹기도 했다. 3 도예작가를 목표로 딸 캐서린 씨가 집으로 돌아왔다. "지금이 가장 행복해요"라는 나미 씨

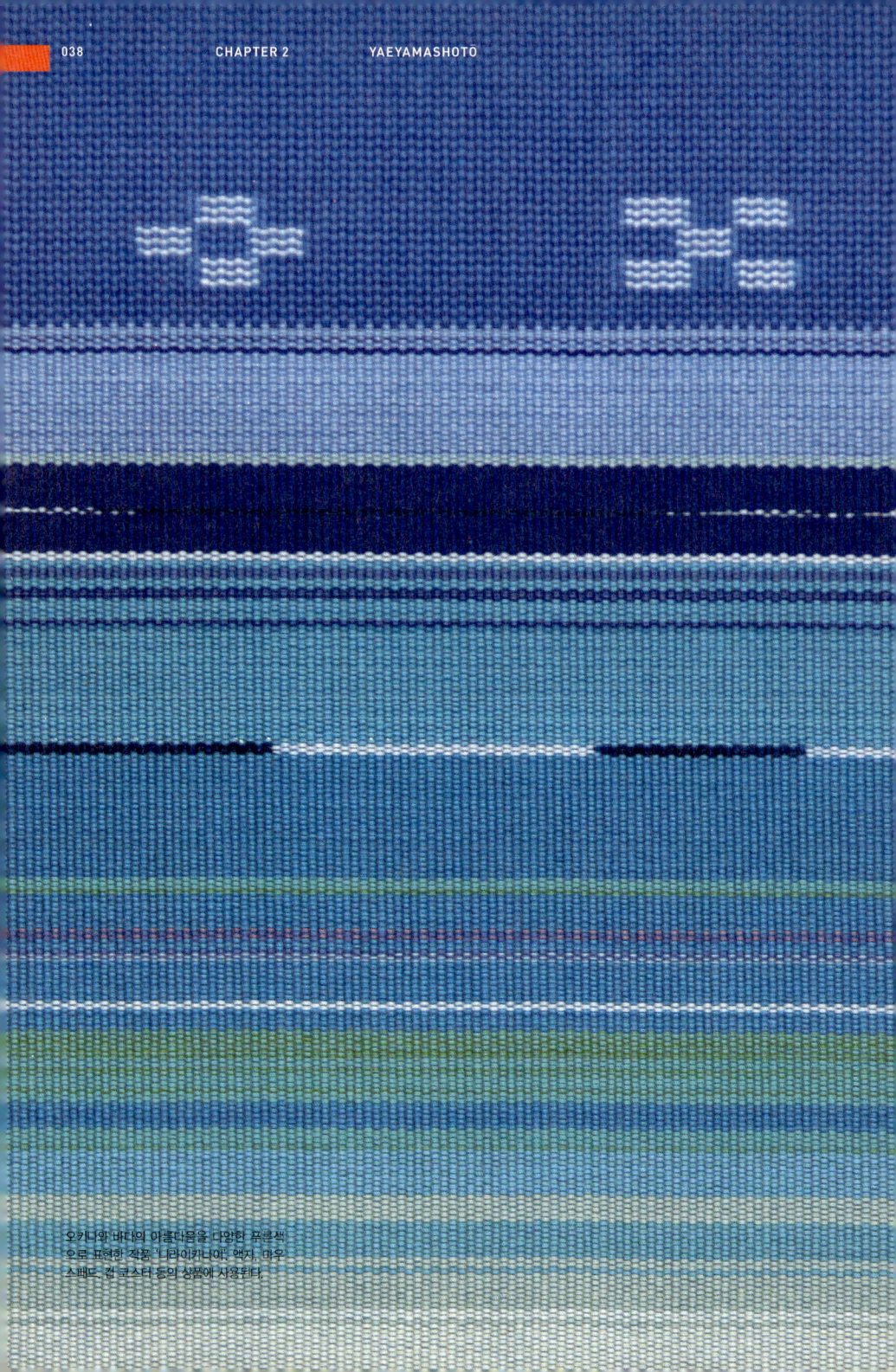

오키나와 바다의 아름다움을 다양한 푸른색으로 표현한 작품 '니라이카나이'. 액자, 마우스패드, 컵 코스터 등의 상품에 사용된다.

ISHIGAKIJIMA   039

CRAFTS

민사 공예관
みんさー工芸館
MINSĀH KŌGEIKAN

세상 끝까지 영원히
여성이 남성에게 보내는 사랑의 증거

민사 공예관	
ACCESS	이시가키 항 이도 터미널에서 도보 8분 P137 MAP-A1 공예
ADD	이시가키 시 도노시로 909 石垣市登野城909
TEL	0980-82-3473
OPEN	9:00~18:00 (직접 손으로 짤 수 있는 체험은 16:30~) (무휴)
HP	www.minsah.co.jp

1

2

슈라 직물, 미야코 상포 품질이 좋은 평직 마직물, 야에야마 상포 등 무수히 많은 직물이 존재하는 오키나와에서도 특히 이시가키 섬사람들이 평소에 사용하는 친숙한 직물은 민사 직물일 것이다.

민사 직물이란 붓으로 그린 듯 잔무늬 다섯 개와 네 개가 서로 교차하며 배열된 디자인으로 '세상 끝까지 영원히'라는 의미가 담겨 있다. 그리고 이는 여성이 남성에게 보내는 사랑의 증거다. 원래는 류큐 왕조시대 다케토미 섬에서 사용된 남색 민사포라는 기모노용 허리띠로 프러포즈를 받은 여성이 그에 답하는 뜻으로 남성에게 보낸 것이라고 한다. 허리띠 양 끝에는 '얏사미 모양'이라 부르는 지네 다리 모양이 장식되어 있었다. 결혼해도 함께 살지 못했던 시절 여성이 남성에게 '뻔질나게 저를 찾아주세요'라는 마음을 담았다고 한다.

민사 공예관은 섬 직물의 역사를 현재에 전하고, 가볍게 직물 체험을 할 수 있는 곳이다. 다케토미 섬 출신 아라키누에 씨가 창업한 지 40년 이상 흘렀다. 상품은 명함 케이스와 파우치 등과 같은 잡화부터 가리유시 의류 통기성이 좋은 직물로 만든 옷 나 태피스트리까지 종류가 다양하다. 문화를 전승하면서도 비즈니스와 일상생활에서 사용할 수 있는 상품을 소개하고 있다.

민사 공예관에 있는 작품 가운데 내 마음을 빼앗은 건 〈니라이카나이〉라는 작품이다. 오키나와 바다를 보면 선명한 하늘색과 에메랄드그린, 남색 등 파란색이 다양하다는 사실을 깨닫게 된다. 이 다양한 바다의 파란색을 평직으로 멋지게 표현하고 있어서 시간을 잊고 멍하니 쳐다보게 된다.

자기 생각을 말이 아니라 직물에 담은 류큐 여성들. 편리한 전달 수단이 늘어난 지금에야말로 민사 직물을 통해 그녀들로부터 소중한 마음을 배우게 된다.

1 시가지에 있는 민사 공예관 2 가게에는 '츄라 산호', '남색 벽돌 무늬', '곳카라(호반새)' 등 주제별로 작품을 전시하고 있다. 3 면을 평직으로 짜는 야에야마 민사. 체험 코스는 코스터 ¥1,500, 태피스트리 ¥8,500 등을 만들 수 있다. 4 (안쪽부터 시계방향으로) 테디 베어 ¥10,800, 멀티 케이스 ¥4,212, 책 커버 ¥1,512, 코스터 ¥648, 명함 케이스 ¥1,404 ※ 전부 세금이 포함된 가격

산호 목걸이 ¥70,000,
팔찌 ¥35,000, 귀고리 ¥45,000

남쪽 나라의 바다를 떠올리게 하는 터키옥 목걸이와 담백한 분홍 산호로 만든 긴 귀고리, 아쿠아마린 팔찌 등 색색으로 반짝반짝 빛나는 보석들…, 여자라면 누구나 넋을 잃을 꿈같은 세상이 이시가키 섬 중심지, 730 교차점 부근에 있다. 가게 이름은 TILLA EARTH. 야에야마의 자연을 모티프로 한 디자인을 토대로 장인이 직접 손으로 만든다.

주인 히라요시 시즈오 씨는 섬 출신으로 활력이 넘치는 사람이다. "TILLA EARTH 보석을 걸치면 작열하는 태양과 아열대의 꽃 등 섬의 자연을 느끼면서 하루를 기분 좋게 보낼 수 있는 그런 존재가 되면 좋겠어요."

디자이너인 아내 가오리 씨는 가가와 현 출신이다. 도쿄에서 보석회사에 근무하던 시절 시즈오 씨를 만나 섬으로 오게 되었다. "제 디자인이 바뀌었죠"라고 말하는 가오리 씨. 예전에는 금이나 다이아몬드를 주로 다루었지만 섬에서 살다 보니 사용하고 싶은 돌 색이 바뀌었다고 한다. 섬의 자연뿐만 아니라 문화, 민사 직물 →P.038 에서도 감명을 받았다. '둘이서 세상 끝까지 정답게 살 수 있기를' 바라며 결혼 반지 안쪽에 민사 직물의 무늬를 새겨 넣었다.

TILLA EARTH의 보석을 걸치면 섬의 자연을 몸에 두른 기분이 들어서 등이 쭉 펴진다. 가게 안에는 70세를 넘긴 시즈오 씨의 어머니가 TILLA EARTH의 보석을 걸친 한 장의 사진이 걸려 있다. 여자 홀몸으로 다섯 아이를 길러내신 어머니는 품위 있고 의연하신 분으로 나이가 들어갈수록 더 아름다운 분위기를 뿜내고 계셨다. 섬에서 태어난 보석은 여성 내면의 매력을 빛나게 해주는 것일지도 모른다.

CRAFTS

TILLA EARTH
틸라어스

여성 내면의 매력을 이끌어내는
섬에서 태어난 보석

TILLA EARTH
ACCESS 이시가키 항 이도 터미널에서 도보 7분
P137 MAP-A1 쥬얼리
ADD 이시가키 시 미사키쵸 3
石垣市美崎町 3
TEL 0980-84-1507
OPEN 11:00~19:00(수요일 정기 휴무)
HP www.tilla-earth.com

1

1 피부에 닿는 부분에 민사 직물 모양을 새겨서 항상 서로를 느낄 수 있게 만든 결혼 반지 2 세컨드 브랜드 BRANCHES의 팔찌 ¥9,000, 귀고리 ¥6,000 등

2

쥐가오리가 많이 서식하는 가비라 바다가 보이는 테라스.
아무것도 하지 않고 줄곧 바라보고만 싶을 만큼 아름답다.

STAY

Terrace House yamabare
테라스 하우스 야마바레

끝내주는 경치의 코티지에서
동경하던 해변 생활을

Terrace House yamabare
ACCESS 이시가키 신공항에서 차로 40분
         P137 MAP-A 숙박
ADD   이시가키 시 가비라 1216-354
         石垣市川平1216-354
TEL   0980-88-2770
RATES   2인 1실 1박 1인 요금 ¥7,500~¥15,000(세금 포함)
HP   www.terracehouse.jp

가비라 만에서 차를 타고 동쪽으로 10분 정도 달리면 요즘 들어 은근히 주목받고 있는 야마바레라는 촌락이 나온다. 바다를 볼 수 있는 높은 곳에는 카페가 줄지어 있고, 빵집과 옷가게, 도방, 마사지 가게 등 조용한 촌락에 개성 넘치는 가게가 모여 있다.

산책만으로도 즐거운 야마바레에 자리 잡은 이 숙소는 이시가키 섬에서도 조용한 곳에 묵고 싶은 사람에게 딱 알맞은 장소다. 이도 터미널 주변 시가지는 불빛도 많고 붐비는데 야마바레의 밤은 무서울 정도로 깜깜하고 오직 자연의 소리만이 들려온다.

원래는 주인 야마시타 히데유키 씨가 운영하는 해양 스포츠 회사 APNEA의 클럽하우스로 사용하던 곳으로 투어 후에도 테라스에서 보이는 전망에 홀려서 돌아가려고 하지 않는 손님이 많아 '이왕 전망이 좋은 곳이니 묵게 하자'고 코티지 대여를 시작했다고 한다.

"저희 매력은 가비라 만의 아웃 리프까지 한눈에 내다보이는 생동적인 전망이죠. 날씨가 좋은 날에는 파란 바다색 그라데이션이 무척 예쁘답니다." 야마시타 씨와 이야기를 나누다 보니 정말 이 바다를 사랑하는 진심이 전해졌다. 책상이나 의자 등의 가구뿐만 아니라 지중해풍 인테리어도 모두 야마시타 씨 작품이다. 장식은 파트너이자 직물작가인 모리타 미유키 씨가 담당한다. 오키나와의 자연에서 태어난 공예품이 지중해풍 인테리어에 자연스럽게 녹아들었다.

마음 편한 중저음이 울리는 음향설비도 야마시타 씨가 고집하는 부분이다. 좋아하는 음악을 틀어 놓고 커피를 한 손에 들고 아침 노을을 바라보고, 낮에는 근처에 쇼핑을 가거나 바다에서 놀고, 저녁에는 테라스 벤치에서 느긋하게 별을 바라본다. 동경하던 해변 생활을 이곳에서 맛볼 수 있다.

1

2

3

1 야마바레 카페 거리를 따라 자리 잡은 건물. 주위에는 밤에 영업하는 가게가 없어서 저녁 식사는 계획적으로 해야 한다. **2** 지중해풍 화이트 인테리어는 청량감이 느껴진다. 창밖으로 보이는 경치는 마치 그림 같다. **3** 실내에는 모리타 씨가 직접 짠 테이블 러너와 섬 작가들의 작품도 걸려 있다.

044 　　CHAPTER 2 　　YAEYAMASHOTŌ

FOOD

이시가키 소금
石垣の塩
ISHIGAKI NO SHIO

자연의 맛은 변한다
'보름달 밤의 소금'과 '초승달 소금'

이시가키 소금
ACCESS 　이시가키 신공항에서 차로 30분　P137 MAP-A 소금
ADD 　　이시가키 시 아라카와 1145-57
　　　　 石垣市新川1145-57
TEL 　　 0980-83-8711
OPEN 　 9:00~18:00(무휴)
HP 　　 www.ishigakinoshio.com

한밤중에 나구라 만 앞바다에서 끌어올린 '보름달 밤의 소금'. 만들 수 있는 양이 한정되어 있어서 한정수량으로 판매한다.

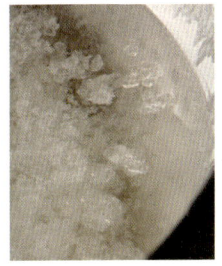

'보름달 밤의 소금'과 '초승달 소금'이라는 아주 로맨틱한 이름의 소금이 있다. 수려한 풍광의 나구라 만 근처에 있는 소금 공방 이시가키 소금으로 만든 것이다. "달이 차고 안 차고로 소금 맛이 바뀌나요?"라는 질문에 전무 이사 도고 도쿠히데 씨는 이렇게 대답한다. "산호도 바다거북도 보름달 밤에 산란합니다. 바닷속의 변화를 모르는 건 인간뿐이에요."

확실히 달의 둥그레짐과 이지러짐에 맞춘 농법도 있고, 아기도 보름달 밤에 많이 태어난다고 들었다. "바다 환경은 매일 변합니다. 상표를 붙인 상품이니 일정 품질은 지키지만, 미묘한 차이가 있는데 그것이 자연의 증거입니다. 자연의 변화, 맛의 차이를 알아주시기를 바라며 만들었습니다."

이시가키 소금은 1996년 소금 전매법 개정을 계기로 삼아 다섯 명의 창립 멤버로 시작했다. 중학교 때부터 다이빙을 했던 도고 씨는 소금 만들기에 적합한 바다를 찾기 위해 이시가키의 모든 바다에 들어갔다고 한다. 그 결과 큰 테이블 산호가 매우 많고, 열대어가 활발하게 헤엄치는 나구라 만으로 결정했다. "세간에서는 과학적인 증거를 중요시하지만, 저는 산호가 활기찬 바다가 가장 중요하다고 생각합니다. 바다가 깨끗하기에 맛있는 소금을 만들 수 있죠. 성분표가 아니라 소금이 태어나는 바다를 보고 소금을 고르면 좋겠어요."

소금은 생명을 지속하기 위한 필요불가결한 존재다. 그래서 도고 씨는 이렇게 이야기한다. "해수로 만드는 진짜 소금을 알아주시면 좋겠어요. 우리 몸속에는 해수가 흐르고 있습니다. 소금을 통해서 생활 방식을 되돌아볼 수 있으면 좋겠다고 생각합니다."

맛있는 소금을 알아보는 방법은 갓 지은 밥으로 만드는 소금 주먹밥이다. 순한 염기가 쌀의 단맛을 이끌어내서 한 입 베어 물때마다 아름다운 나구라 만이 떠오른다.

1 '보름달 밤의 소금' ¥1,800과 '초승달 소금' ¥1,800. 편안히 쉬고 싶을 때나 새로운 일을 시작할 때 등 생활에 맞춰 구분해서 사용하면 좋다. 2 해수 80L로 2.4kg의 소금을 만들 수 있다. 3 며칠 전 보름달 밤에 만든 소금. 독자적인 저온건조방식으로 가마솥에서 3일간 바짝 졸인다. 결정이 서서히 만들어지는 중

이시가키 섬의 밤하늘에 펼쳐진 은하수. 별을 보는 장소는 서전게이트 브리지와 나구라 대교 위 등 화려한 거리에서 멀리 떨어진 깜깜한 곳이 좋다.

STAR ☆

이시가키 섬 천문대
石垣島天文台
ISHIGAKIJIMA TENMONDAI

은하수에 남십자성
섬의 밤은 별이 총총한 밤하늘에 잠긴다

이시가키 섬 천문대

ACCESS	이시가키 신공항에서 차로 45분 P137 MAP-A 별
ADD	이시가키 시 아라카와 1024-1 石垣市新川1024-1 ※ 내비게이션은 출구로 안내하니 사용하지 말자.
TEL	0980-88-0013
OPEN	10:00~17:00(4차원 디지털 우주 상영은 개관일 15:00~, 관람 시간 30분. 천체 관측회는 토·일요일, 공휴일 밤에 개최된다. 예약 필수)(월, 화 정기 휴무)
HP	www.miz.nao.ac.jp/ishigaki

외딴섬에서 보내는 밤에 반드시 봐야 할 것은? 바로 밤하늘에 빛나는 하늘의 별이다. 유명한 남십자성과 오키나와 말로 '텅가라'라고 부르는 은하수, 보면 장수할 수 있다는 전설을 지닌 남극노인성 '카노푸스' 등, 야에야마 지방에서는 일본 본토에서 볼 수 없는 별을 볼 수 있다.

밤하늘에 떠 있는 21개의 일등성이 모두 보이는 야에야마 지방에서는 88개의 별자리 중 84개까지 볼 수 있다. 별이 아름다워 보이는 것은 인공적인 빛이 적기 때문인 것은 아니다. 야에야마 지방의 하늘은 일본 본토 상공을 흐르는 제트기류에서 벗어나 있어서 별빛이 반짝이지 않고 보인다. 이시가키 섬 천문대는 규슈·오키나와 지방에서 가장 큰 구경 105cm의 천체망원경을 갖추고 있어서 천문학적으로도 별 관측에 적합한 장소다.

그리고 '별 문화'라고 할 수 있는 전승과 습관도 옛날부터 이어져 왔다. 별과 관련된 시마우타 → 섬 노래 와 민화 → P.50 가 무수히 남아 있으며 이시가키 시립 야에야마 박물관은 '별 지도'라고 불리는 18세기 고문서를 보관하고 있다. 이 고문서는 별 해설서 같은 것으로 모를 심는 시기를 정하기 위해서 별자리가 보이는 시기의 날씨나 바람 등을 기록했다. 별을 관측하기 위한 '별 보는 돌'도 섬에서는 계절을 구분하는 기준으로 사용했다고 한다.

이시가키 섬 천문대에는 별 보는 방법과 섬의 별 문화를 소개하는 관측회를 주말마다 개최한다. 매번 대성황을 이루므로 일찍 예약하는 편이 좋다. 그리고 별의 섬, 오키나와에서만 볼 수 있는 여름의 연례행사가 '남쪽 섬 별 축제'로 섬 전체가 불을 끄고 다 함께 잔디에 누워 별을 보는 로맨틱한 이벤트가 열린다.

섬에서 보내는 밤에 몇만 광년 전의 빛을 바라보며 별빛 목욕과 달빛 목욕을 즐겨보자. 고요한 시간이야말로 잊을 수 없는 추억이 될 것이다.

1 구경 105cm의 광학·적학반사식 망원경인 무리카부시 망원경을 사용해 남국에서만 볼 수 있는 별자리와 행성을 구경할 수 있다. **2** 남쪽 섬 별 축제 모습. 인근 야에야마 고등학교와 야에야마 상업고등학교 학생들이 망원경을 사용해 별자리를 소개한다.

FOOD

시마우타 라이브하우스
아사토야
島唄ライブハウス安里家
SHIMAUTA LIVE HOUSE ASATOYA

작고한 호시노 미치오 씨가 사랑한 어부
애절하고도 아름다운 노랫소리

1장의 CD〈어부 우민츄 –야에야마 노래〉의 앨범 속지에는 알래스카에서 살았던 사진가 호시노 미치오 씨가 쓴 절필 원고가 실려 있다. "여행을 다니며 항상 염두에 두는 것은 그 지역의 풍경을 내 것으로 만들기 위해서는 누군가와 만나야 한다는 점이다. 중략 누군가를 만나고 그 사람을 좋아하게 되었을 때, 풍경은 비로소 펼쳐지고 깊이가 생긴다. 아사토 씨는 내게 그런 존재인 오키나와 사람이다."

아사토 씨는 '야에야마 노래를 부르면 앞에 나서는 사람이 한 명도 없다'는 시마우타 섬 노래 가수 아사토 이사무 씨. 구로 섬 출신으로 방언도 민요도 샤미센도 할 수 없는 시대에 태어나 자랐지만, 배를 타고 바닷바람을 맞아가며 연습해서 실력을 닦았다. 오랜 시간을 잠수하는 어부 일에 종사하며 낚싯배 손님 앞에서 노래해 오다 50세에 프로로 데뷔했다. 호시노 씨가 야에야마를 찾았을 때 함께 바다에 들어가고, 밤에는 가쥬마루 나무 아래에서 잡은 생선을 먹으며 샤미센을 들려주었다. 호시노 씨는 당시의 감동을 CD 속지에 글로 남겼다.

오키나와에서는 거실에 반드시 샤미센이 놓여 있어서 연회가 시작되면 누군가가 틀림없이 노래하기 시작한다. 엄격한 생활에 지친 노동요나 어머니와 고향을 생각하는 망향가 등 사람들의 마음이 애절하게 담긴 시마우타. 노래를 들으면 경치를 보는 것만으로는 알 수 없는 섬의 심정을 이해하게 된다.

아사토 씨가 잡은 생선을 먹으면서 아사토 씨의 노래를 눈앞에서 들을 수 있는 시마우타 라이브하우스 아사토야. 친구와의 추억을 마음속으로 줄곧 노래해 온 그는 이제 곧 데뷔 20주년을 맞이한다. 두 번의 중병을 이겨내고 무대에 오르는 아사토 씨의 애절하고도 아름답고 깊이 있는 시마우타가 차분히 마음속으로 젖어든다.

아사토야 윤타, 덴사부시, 투바라마 등 계속해서 민요를 부르는 아사토 씨. 마지막은 오키나와에서 익숙한 카차시.

시마우타 라이브하우스 아사토야

ACCESS	이시가키 항 이도 터미널에서 도보 7분 P137 MAP A-1 식사
ADD	이시가키 시 미사키쵸 10-2 센터빌딩 1F 石垣市美崎町10-2 センタービル 1F
TEL	0980-88-6010
OPEN	18:00~심야 0:00(수요일 정기휴일)
HP	isamu1220.blog.fc2.com

1 손님의 요청에 따라 시마무타를 불러주는 아사토 씨. 이날 밤은 구로 섬 출신인 20대 남성이 고향의 노래를 신청했다. **2** 라이브하우스에서는 아사토 씨가 잡은 생선으로 만든 생선 회와 조림, 소금구이 등을 맛볼 수 있다. **3** 아사토 씨가 잡은 생선 탁본. 젊은 시절의 체력은 아직 건재하다. 어부 동료들도 모여서 밀물과 썰물 상황 등 낚시 이야기로 꽃이 핀다.

COLUMN
I

-이시가키 섬의 전래 민화-

북두칠성은 여덟 개 별

옛날 옛날에 무척 가난한 집의 젊은이가 부잣집에서 일하게 되었습니다.

젊은이의 어머니는 눈이 나빠서 아침은 젊은이가 한 밥을 먹고, 언제나 젊은이가 돌아오기를 집에서 기다렸습니다.

젊은이는 낮에 부잣집에서 받은 점심밥의 반만 먹고 남겨서 집에 있는 어머니에게 드렸습니다.

빨래도 하고, 어머니를 씻겨드리는 등 무척 효심이 지극한 젊은이지만

가난해서 나이가 차도 아내를 맞이할 수가 없었습니다.

북두칠성의 장녀는 이 젊은이를 하늘에서 내려다보고 있었습니다.

장녀는 젊은이의 어머니에 대한 효심에 감복해서 젊은이를 좋아하게 되었습니다.

그래서 장녀는 젊은이가 집에 돌아가는 시간에 맞춰 인간의 모습으로 변해 지상으로 내려왔습니다.

젊은이는 길 한가운데에 마치 선녀처럼 아름다운 여인이 서 있는 모습에 놀라 다른 길로 가려고 했지만, 아무리 다른 길로 돌아가도 그 여인이 있었습니다.

어쩔 수 없이 여인의 곁을 지나려 하자 그 여인이 젊은이의 옷을 붙들고 말을 걸었습니다.

"제발 절 당신의 아내로 맞아주세요."

깜짝 놀란 젊은이는

"우리 집은 무척 가난해서 당신처럼 아름다운 여자를 아내로 삼을 수 없습니다"라고 몇 번이나 거절했습니다.

하지만 북두칠성의 장녀는 집에까지 따라와서 결국 아내가 되었습니다.

시간은 2년, 3년 흘러 귀여운 아들도 태어났습니다.

그즈음, 별점을 치던 학자가 이 사실을 눈치챘습니다.

"어라, 북두칠성 가장 위에 있던 별이 없어졌어, 지상의 어딘가에 내려온 것이 분명해."

학자가 임금에게 전하자

임금님은 온 나라에 선녀를 찾을 것을 명령했습니다.

그리고 선녀를 발견한 신하들은 선녀에게 말했습니다.

"2, 3일 안으로 성으로 데려갈 터이니 미리 준비하도록 하라."

자신이 선녀라는 사실을 들켰기 때문에 북두칠성의 장녀는 더는 지상에 머무를 수가 없었습니다.

그래서 밤에 잠든 아기에게 이별을 고하고 몰래 숨겨둔 날개옷을 입고 하늘로 날아갔습니다.

하지만 하늘 문이 열려 천상계로 들어가려는 순간, 선녀는 아기가 걱정되기 시작했습니다.

결국, 새벽에 다시 지상으로 내려와서 아기를 안고 하늘로 돌아갔습니다.

하늘로 돌아간 선녀는 "저는 이미 결혼해서 아이까지 낳아 몸을 더럽혔습니다. 이제 가장 앞에 있을 수는 없습니다"라며 동생별과 자리를 바꾸었습니다.

그래서 장녀의 별은 위에서 두 번째 별이 되었습니다.

장녀의 별 바로 곁의 자그마한 별이 선녀가 데려간 아기별입니다.

(오키나와 역사센터 《어째서 어째서 야에야마의 민화》에서 발췌)

TAKETOMIJIMA
다케토미 섬
竹富島

**산호의 이시가키, 흰 모랫길을 걸으며
'우쓰구미의 마음'을 느끼다.**

인생에서 한 번은 봐두어야 할 것은 다케토미 섬의 거리 풍경과 니시산바시에서 보는 석양이다. 흰 모랫길에는 섬의 암호인 '우쓰구미의 마음'이 새겨져 있다. 섬의 문화와 역사에 대한 이해를 높이기 위해서는 관광안내소를 찾자. 곤도이 해변과 가이지 해변 등 섬을 돌아보려면 자전거가 편리하다.

―――――――― ☒ SHIMA DATA ――――――――

- 인구 / 352 명 (2014 년 3 월 현재)
- 면적 / 5.42 ㎢ · 둘레 / 9.2 ㎞
- 섬까지 가는 방법 / 이시가키 항 이도 터미널에서 다케토미 항까지 페리를 타고 10 분
- 섬 내 교통수단 / 자전거 대여 , 버스 (항구에서 촌락 외에는 예약제)
- 가게 / 편의점은 없음 . 요리점 , 식당 , 카페 , 상점 등이 있음

VILLAGE △

다케토미 섬 촌락
竹富島集落
TAKETOMIJIMA SHURAKU

매일 아침 반복되는 아름다운 일상
이어내려 온 우쓰구미의 마음

다케토미 섬 촌락
ACCESS 다케토미 항에서 버스로 5분 P137 MAP-B 신책
ADD   다케토미쵸 다케토미
        竹富町竹富

촌락이 통째로 국가 중요 전통적 건축 보존지구로 지정된 다케토미 섬의 길을 걸으면 몇십 년, 몇백 년 전으로 순간 이동한 듯 독특한 분위기에 둘러싸인다. 바람이 잘 통하지만, 태풍이 왔을 때 무너지지 않도록 설계한 돌담과 직진밖에 못 한다는 요괴의 진로를 막기 위해 일부러 꼬불꼬불한 하얀 모랫길…. 다케토미 섬의 사람들은 집 짓는 법, 길을 놓는 법, 산호 쌓는 법 등 생활 전반에 엄격한 규칙을 마련해서 스스로 오키나와의 원래 모습을 유지하고 있다.

촌락을 아름답게 지키겠다는 강한 신념과 자긍심을 지닌 섬사람들. 새벽에 촌락을 거닐면 이곳저곳에서 빗자루로 길을 청소하는 사람과 마주치게 된다. 흰 모랫길을 주의 깊게 관찰하면 쓰레기를 모으면서 비로 쓸어낸 모양을 남겨두었다. "빗자루는 단순히 쓸기만 하는 것이 아니라 공간을 털어내고 정돈하는 것"이라고 사람들은 입을 모은다.

다케토미 섬에는 우타기 오키나와의 신사 라고 불리는 성스러운 성이 수없이 남아 있다. '우쓰구미 서로 협력하는 마음'라는 말을 무척 소중하게 생각하는 사람들은 다네토리 축제를 시작으로 연간 30개 이상의 축제를 펼친다. '우쓰구미'란 위인 니시토우가 남긴 "모두가 협력 우쓰구미 하는 것이야말로 진정한 현명함이다"에서 따온 말이다. 둘레 9.2km의 작은 섬이기 때문에 서로 돕지 않으면 살아갈 수 없었던 힘든 역사가 존재했다. 선조에 대한 경의와 주민의 노력이 전통을 지켜온 것이다.

비가 쓸고 간 자리에는 '우쓰구미'의 마음이 새겨져 있다. 비질하는 시간이야말로 섬의 시간이다. 깨끗해진 흰 모랫길을 걸으면 눈으로는 볼 수 없는 정신적인 풍요로움에 압도당해 도시 생활로 잃어버린 것들의 크기에 대해서 생각하게 된다.

1. 지극히 당연한 일처럼 매일 계속되는 아침 청소. 당연한 일을 계속하는 일이 가장 어렵다. 2. 고양이가 많이 사는 다케토미 섬. 산호 돌담 위에서 볕을 쬐거나, 가쥬마루 나무 그늘에서 놀고 있는 사랑스러운 고양이의 모습에 마음이 누그러진다.

SUNSET

니시산바시
西桟橋
NISHISANBASHI

바다도 하늘도 분홍빛으로 물드는
아름다움을 넘어선 성스러운 시간

ACCESS   다케토미 항에서 자전거로 10분
         P137 MAP-B 석양
ADD   다케토미쵸 다케토미
         竹富町竹富
TEL   0980-82-5445(다케토미쵸 관광협회)

1 새하얀 모래톱이 이어지는 곤도이 해변. 멀리까지 수심이 얕아서 수영하기에 최고다. 니시산바시에서 걸어서 갈 수 있다. **2** 국가에서 유형문화재로 등록한 니시산바시는 낮에도 아름답지만 해가 질 무렵의 마법 같은 시간은 특별하다.

니시산바시의 석양에는 아름다움을 뛰어넘은 특별한 힘이 있다. 다케토미 섬의 서쪽 촌락에서 매우 가까워 나무로 우거진 터널을 빠져나오면 보이는 모습이 바다를 향해 뻗은 부두다. 부두 위를 걸으면 양쪽으로 투명한 바다가 펼쳐지는데 마치 바다 위를 걷는 기분이다.

니시산바시는 1938년 도민들의 요구로 건설되었다. 당시 2차 대전 후의 식량난으로 인해 다케토미 도민은 수전 농작을 위해 이리오모테 섬까지 다녔는데 이를 위한 항구로써 부두가 필요했다. 섬에서 나고 자란 가메이 야스노부 씨는 "어릴 적, 초여름이 되면 부두는 쌀 수확기로 북적거렸어. 자루에는 이름이 쓰여 있어서 소달구지에 싣고서는 집집이 내려줬지. 건너편에서 니시산바시를 바라보고 있으면 아버지와 할아버지, 증조할아버지가 고생했던 기억이 떠오른단 말이야"라며 그리운 듯 이야기했다. 시대가 변해도 이곳에서 바라보는 풍경은 변함이 없다. 니시산바시는 섬사람들에게 선조들이 기울인 노력의 결정체이자 삶의 증표이기 때문이다.

일몰 시각 30분 전이 되면 맥주와 카메라를 손에 든 사람들이 모여든다. 저마다 추억의 장소에 앉아서 느긋하게 하늘을 바라보는 특별한 시간이다. 날씨가 좋을 때는 하늘도 바다도 세상 전체가 분홍빛으로 물든다. 흐린 날에는 구름 사이로 내리쬐는 한 줄기 빛에 마음이 떨린다. 니시산바시의 저녁 무렵은 모두가 한마음으로 자연에 취하는 성스러운 시간이 흐른다.

니시산바시에서 촌락으로 돌아가는 길은 고요함이 감돈다. 하늘에는 가장 먼저 나타나는 첫 별이 빛나기 시작하고, 비치샌들을 신고 하얀 모랫길을 걸으면 민가에서 웃음소리와 샤미센 음색이 들려온다. 온몸에 석양을 쬔 여운에 잠긴 깜깜한 밤. 섬의 대자연이 차분히 마음으로 스며들어 몸과 마음이 깨끗해진다.

STAY

호시노야
다케토미지마

星のや竹富島
HOSHINOYA TAKETOMIJIMA

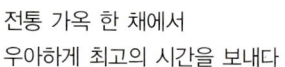

전통 가옥 한 채에서
우아하게 최고의 시간을 보내다

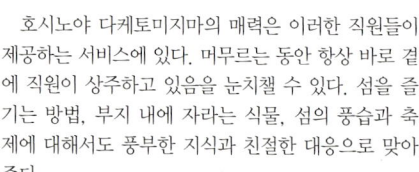

2012년 다케토미 섬에 호시노야 다케토미지마가 문을 열었다. 2만 평이라는 광대한 부지에 펼쳐진 붉은 기와지붕과 산호 돌담, 구불구불한 골목길까지 실제 섬의 촌락을 본떠 만든 또 하나의 촌락이다. 섬의 전통건축 기준에 맞춰 모두 48실의 객실을 만들고, 지붕 위에는 시사, 정원에는 부겐빌레아와 월도 등 남국 식물이 활짝 피어 있다. 전통문화를 지키면서도 리조트로서의 우아함이 멋지게 융화되어 있다.

"섬의 주민이 된 기분으로 다케토미 섬의 생활에 뿌리내린 문화와 웅장한 자연을 충분히 만끽하길 바란다"고 이야기하는 사람은 사와다 히로카즈 지배인으로 직원들이 섬의 문화와 풍습에 조예가 깊은 이유는 자발적으로 섬사람들을 강사로 초빙해 연구회를 열고 있기 때문이라고 한다. 섬의 문화를 존중하고 스스로 그 일부가 되려고 하는 마음가짐으로 근무한다고 한다.

호시노야 다케토미지마의 매력은 이러한 직원들이 제공하는 서비스에 있다. 머무르는 동안 항상 바로 곁에 직원이 상주하고 있음을 눈치챌 수 있다. 섬을 즐기는 방법, 부지 내에 자라는 식물, 섬의 풍습과 축제에 대해서도 풍부한 지식과 친절한 대응으로 맞아준다.

이곳에서 시간을 보내는 법을 추천한다면? 아침에 '굿모닝 허브 물'을 마시고 해변에서 '윤나 천천히 심호흡' 스트레칭을 한다. 점심에는 섬의 할아버지에게 민예품 만들기를 배우거나, 정원에 있는 해먹에서 낮잠을 즐겨도 좋다. 밤에는 달빛을 맞으며 수영장에서 수영하는 '부유욕'을 즐긴다. 문화와 자연을 느끼면서 편히 쉴 수 있는 메뉴가 셀 수 없을 만큼 많다.

다케토미 섬의 대자연과 직원의 배려로 가득한 섬 시간. 깊은 평온함과 조용한 기쁨으로 채워질 것이다.

원래부터 이곳에 있던 커다란 가주마루 나무를 중심으로 24시간 헤엄칠 수 있는 총 길이 46m의 수영장과 라운지, 시설을 한눈에 조망할 수 있는 전망대도 있다.

호시노야 다케토미지마

ACCESS	다케토미 항에서 무료 셔틀버스로 8분
	P137 MAP-B 숙박
ADD	다케토미쵸 다케토미
	竹富町竹富
TEL	050-3786-0066(종합 예약)
RATES	2인 1실 1박 1명 ¥60,000~
	(세금 포함, 식사 별도)
HP	www.hoshinoyataketomijima.com

1 녹음을 바라보며 기분 좋은 바람을 느낄 수 있는 욕실. 객실은 마루 타입과 류큐 다다미 타입 2가지가 있다. **2** '밭을 매는 사람의 아침 식사' 섬 채소와 제철 과일을 양식 또는 일식으로 맛볼 수 있다. **3** 섬 민예품 제작의 달인 마쓰타케 쇼스케 씨에게 배우는 수제 민예품 만들기 체험. 월도와 비로야자 등 자연 소재를 사용해 코스터와 돗자리 등을 만들 수 있다. **4** 섬 전통에 따라 객실은 전부 남향이다. 밤이 되면 흰 모랫길은 달빛을 반사해서 발밑을 빛내준다. **5** 호텔과 가까운 아이야루 해변에서 아침 일찍 스트레칭 체조 '욘나 심호흡'을 하면 상쾌한 기분이 든다.

1 넓은 하늘과 거리를 바라볼 수 있는 카운터 자리 2 다케토미 디저트&히비스커스 차 ¥700. 흑당과 자색 고구마가 들어간 사타안다기(오키나와식 도너츠)와 월도 잎으로 쪄내 상쾌한 향이 나는 떡 3 흰색과 빨간색을 기본으로 중앙에 산호길이 깔린 가게 내부

CAFE

HaaYa nagomi-cafe
하야 나고미 카페

ハーヤナゴミカフェ

물소 달구지와 샤미센 소리를 들으면서 후유하고 한 숨, 심호흡

HaaYa nagomi-cafe
- ACCESS 다케토미 항에서 자전거로 10분
  P137-B 카페
- ADD 다케토미쵸 다케토미 379
  竹富町竹富379
- TEL 0980-85-2253
- OPEN 10:00~17:00, 19:00~20:00(비정기 휴무)

걷기 즐거운 흰 모랫길이지만, 햇빛이 강하게 내리쬐기 때문에 산책 시에는 탈수증상을 조심해야 한다. 지쳤다면 망설이지 말고 나고미 탑 앞에 있는 하야 나고미 카페로 들어가자. 안으로 들어가면 바깥의 더위가 거짓말처럼 사라지고 촌락을 한눈에 바라볼 수 있는 창을 통해서 물소 달구지와 샤미센의 음색이 들려온다. 국가 중요 전통 건축물 보존지구로 지정된 다케토미 섬에서는 현재 2층 건물을 지을 수 없지만, 이곳은 지정 전에 지어져서 섬에서 보기 드문 2층 건물이다. 그래서 좋은 전망으로 섬에서 가장 상위권에 든다.

2007년, 주인 다우 리에 씨가 부모님이 경영하던 민박집 '붉은 산장'을 고쳐서 카페를 열었다. 섬 채소를 듬뿍 사용한 카레와 사타안다기, 자색고구마 아이스크림 파르페 등 가정식 요리와 디저트 메뉴가 풍부하다. 대부분 민박집을 운영했던 어머니에게 배운 섬의 맛이다. 가게 이름은 '무심결에 마음이 누그러지는 가게로 만들고 싶다'는 소망을 담았다고 한다. 이름대로 거리를 바라보며 섬의 맛에 후유하고 무심코 심호흡하고 싶어지는 여행자의 오아시스 같은 존재가 되었다.

KOHAMAJIMA
고하마 섬
小浜島

해변에서 독서, 행복한 마사지
소박한 섬에서 연예인이 된 기분

사탕수수밭 가운데 하나로 쭉 뻗은 길, 슈가 로드를 비롯해 외딴섬에서만 볼 수 있는 경치가 펼쳐지는 섬이다. 소박한 섬이지만 반대로 리조트호텔에서는 연예인이 된 기분을 맛볼 수 있다는 점이 큰 매력이다. 낮에는 해변에서 책을 읽고 마사지를 받고, 저녁에는 맛있는 식사를 즐긴다. 대자연 속에서 아무것도 하지 않는 사치를 만끽할 수 있다.

------------ SHIMA DATA ------------

- 인구 / 629 명 (2014 년 3 월 현재)
- 면적 / 7.84 ㎢   • 둘레 / 16.6 ㎞
- 섬까지 가는 방법 / 이시가키 항 이도 터미널에서 고하마 항까지 페리를 타고 25 분
- 섬 내 교통수단 / 렌터카, 오토바이 · 자전거 대여
- 가게 / 레스토랑, 카페, 상점 등

책장은 가쥬마루 나무 광장과 카페 내부에 설치되어 있다. 해먹이나 바다가 보이는 벤치 등 마음에 드는 장소에서 독서를 즐겨보자.

KOHAMAJIMA 061

STAY

호시노 리조트
리조나레 고하마지마

星野リゾート リゾナーレ 小浜島
HOSHINO RESORT
RISONARE KOHAMAJIMA

해변의 북카페
해먹에 누워 흔들리며 낮잠을 즐긴다

호시노 리조트 리조나레 고하마지마

ACCESS	고하마 항에서 셔틀버스로 10분
	P136 MAP-D 숙박
ADD	다케토미쵸 고하마 아가리오모테 2954
	竹富町小浜東表2954
TEL	050-3786-0055(리조나레 예약센터)
RATES	2인 1실 1명 1박 조식 포함 ¥10,000~(세금 포함)
HP	www.risonare-kohamajima.com

---

1 '섬 자전거 요금제'로는 자외선 차단제나 아웃도어 시트 등 사이클링세트를 빌릴 수 있다. **2** DEEP BLUE의 코스 중 하나, 전채인 참치 타르타르. 보기만 해도 즐겁다. 지역에서 난 음식 재료를 사용해서 '예뻐지는 세 가지'를 키워드로 삼아 만든 메뉴가 많다. **3** 바다가 보이는 마사지실. 류큐 스파. 피부 상태와 몸 상태에 맞춰서 월도와 히비스커스, 산호 등을 구분해서 사용한다. **4** 꼭 한번 체험해보고 싶은 '은하수 로맨틱'

호시노 리조트 리조나레 고하마지마 안의 일 마레 해변 앞에는 울창한 가쥬마루 나무숲이 있다. 그 숲 속에 갑자기 멋진 책장과 몇 개의 해먹이 늘어선 가쥬마루 나무 광장이 나타났다. 인접한 BOOKS&CAFE의 책장에는 오키나와와 바다, 식물, 여행 등을 키워드로 삼은 다양한 장르의 책이 모여 있다. 읽고 싶었던 책, 처음 보는 책 등 고르는 것만으로도 설레고 눈이 쏠리게 된다. 읽을 책을 골랐다면 가쥬마루 나무 광장의 해먹이나 바다가 보이는 테이블에 앉자. 커피를 한 손에 들고 책을 읽다가 낮잠에 빠진다. 얼마나 사치스러운가.

저녁이 되면 일 마레 해변과 가쥬마루 나무 숲의 램프에 불이 들어오는 '팅가라 은하수 로맨틱'이 열린다. 잔물결을 배경음악 삼아 달과 별과 아름다운 램프 불빛을 바라보는 시간은 잊을 수 없는 추억이 될 것이다. '소박하고 조용한 섬에서 로맨틱한 시간을 보내길 바란다'는 호텔의 배려다.

일출 시각에는 향이 좋은 커피가 나오는 해변의 아침노을 카페에 들린다. 저녁 식사는 레스토랑 딥블루 DEEP BLUE 에서 본격적인 이탈리안 코스를 즐기자. 접시 위의 화려한 색감에 "와~예쁘다~!"는 말이 무심결에 튀어나올 만큼 감동적이다.

붉은 기와지붕의 류큐 스파에서는 리드미컬한 손길로 최상의 휴식 시간을 보낼 수 있다. 보습력이 뛰어난 미용 산호와 흑당 팩이 그을린 피부에 수분을 채워준다. 특별히 어디 가지 않아도 자연 속에서 여유롭게 보낼 수 있게 깜짝 놀랄 만큼의 추억을 만들어 줄 무대가 준비되어 있다.

STAY

하이무루부시
はいむるぶし
HAIMURUBUSHI

바다를 바라보며 요가와 미용법
새로 태어난 나 자신과 만나다

1 다양한 동작으로 몸을 풀면 혈액이 전신을 순환하는 것이 느껴진다. **2** 오키나와의 과일과 허브를 사용한 스파의 마사지. 요가와 함께 하면 더욱 효과적이다.

　일과 연애로 너덜너덜해졌을 때 아름다운 바다를 보고, 맛있는 음식을 먹고, 요가를 하고, 관리도 받는다면? 내 몸을 세심하게 가다듬는 것이야말로 활력을 되찾을 지름길이 아닐까 생각한다.
　남십자성을 의미하는 '하이무루부시'는 지친 몸을 완벽하게 관리할 수 있는 남국 리조트 호텔이다. 바다 전망 객실과 풀 사이드에서 편히 쉴 수 있을 뿐 아니라 전문 강사가 가르쳐주는 요가 프로그램도 충실하다. 아침 요가는 신선한 공기 속에서 호흡법, 오후의 셀프 힐링 아로마 요가는 아로마 밤으로 눈과 목 주변을 풀어준다. 대자연 속에서 느긋하게 몸을 펴고 숨을 내뱉으면 쌓인 피로와 스트레스로부터 해방되는 것이 느껴진다.
　여름철의 낙이라고 하면 해변의 '바나리스파'에서 받는 오키나와 허브와 과일을 사용한 마사지를 들 수 있다. 부딪치는 파도 소리를 들으면서 받는 마사지는 최고로 행복한 순간을 만끽할 수 있다. 피곤할 때는 쉬는 것도 중요한 일이다. 바다를 보면서 마음을 해방하고 몸을 치유한다면 새로이 태어난 자신과 마주하게 될지도 모른다.

하이무루부시
ACCESS 고하마 항에서 셔틀버스로 10분
P136 MAP-D 숙박
ADD 다케토미쵸 고하마 2930
竹富町小浜2930
TEL 0980-85-3116
RATES 2인 1실 1명 요금 ¥18,518~
HP www.haimurubushi.co.jp

바다 조망의 테라스와 백사장, 푸른 잔디 등 대자연 속에서 취하는 요가 동작으로 기분이 더없이 좋아진다.

BOB'S CAFE
ACCESS 고하마 항에서 도보 3분
        P136 MAP-D 카페
ADD   다케토미쵸 고하마 3400-38
        竹富町小浜3400-38
TEL   0980-85-3970
OPEN   11:00~다음날1:00(화요일~17:00) (무휴)

1 고하마 버거 ¥600(세금 포함). 육즙이 가득한 패티는 마늘, 후추, 넛맥 등의 향신료를 듬뿍 사용해서 맛을 낸다. **2** 추억의 팝송이 흘러나오는 미국적인 분위기가 감도는 가게 내부. 가게 이름인 '밥'은 주인이 키우는 개의 이름

CAFE

BOB's CAFE
밥스 카페

항구를 지키는 작은 카페에서
한번쯤은 먹고 싶은 고하마 버거

매일 많은 사람이 오가는 항구 주변에는 마치 정해놓은 듯이 작은 카페나 식당이 있다. 고하마 항구 바로 옆의 BOB'S CAFE도 동네에서 사랑받는 작은 카페다.

간판메뉴는 아메리칸 사이즈의 고하마 버거로 원래 리조트 호텔 셰프였던 주인 사카이 난토카 씨가 '햄버거 가게가 없는 고하마 섬에서 아이들에게 갓 만든 햄버거를 배불리 먹이고 싶다'는 마음에서 만들었다고 한다.

섬에서는 농사 작업 중, 10시와 15시의 새참시간에 흑당을 먹는다. 사카이 씨는 그때 맛본 흑당의 맛에 감명받아 고하마 섬의 흑당을 사용해서 소스를 만들고, 간장 베이스의 데리야키버거를 만들었다. 입소문으로 인기가 퍼져서 섬의 아이들은 물론이고 햄버거를 목적으로 찾아오는 여행객도 많아졌다고 한다.

창문을 통해서는 항구를 출입하는 선박과 진학을 위해 섬을 여행하는 아이들, 돌아가는 여행자가 보인다. '잘 다녀와', '또 오세요'. 카페 창을 통한 섬의 현관을 조용히 지켜보게 된다.

1 가미지 섬과 시모지 섬, 두 개의 섬이 서로 떨어져 있다는 사실에서 '파나리(떨어진)' 섬이라는 이름이 유래했다. 2 촌락을 산책하다가 만난 할머니. 빈틈없이 청소하고, 식물 손질을 빼놓지 않는 모습에 신성한 섬에 사는 섬주민의 자부심을 느꼈다. 3 파나리 섬에서만 만들었던 파나리 토기. 남아 있는 토기가 얼마 되지 않아서 만드는 방법은 아직 판명되지 않았다.

ARAGUSUKUJIMA
아라구스쿠 섬
新城島

인어 전설이 남아 있는 파나리 섬에서
신의 자취를 느낀다

　인어 전설이 남아 있는 신의 섬이 존재한다. 파나리 섬이라고 불리는 신비로운 아라구스쿠 섬의 이야기를 들은 것은 몇 년 전의 일이다. 초겨울의 따뜻했던 어느 날, 염원을 이루었다. 아라구스쿠 섬 출신인 니시도마리 히로노부 씨의 안내로 섬에 상륙하게 되었다.
　부둣가 주위의 바다는 하얀 모랫바닥이 보일 정도로 투명하다! 해변과 언덕으로 통하는 길에는 아열대 정글이 울창하다. 깊은 숲 속을 흠칫하면서 걷다가 니시도마리 씨에게 인어 전설에 관해 물어보자 "인어는요, 듀공을 말하는 거예요. 옛날에는 섬 주변에 듀공이 많이 살아서 젖을 먹이는 모습이 인어처럼 보였는데 이것이 전설이 된 거죠."
　류큐 왕조는 아라구스쿠 섬의 사람들에게 쌀 대신 듀공 큰 해양 포유류 동물 을 바치라고 명했다고 한다. 섬에는 지금도 듀공을 기리는 신사 우타키 가 남아 있다.
　아라구스쿠 섬은 출입금지 장소가 많다. 청결하게 유지된 촌락의 길도, 모래사장도, 어디를 가더라도 신성한 기운이 느껴지는 섬이다. 이시가키 섬으로 돌아온 밤, 오늘 본 것은 전부 꿈이 아니었을지 생각될 만큼 신비로운 하루였다.

아라구스쿠 섬
ACCESS 　아라구스쿠 섬에 가려면 이시가키 섬에서 이리오모테 섬 오하라 항으로 가는 항로로 경유할 수 있지만, 섬주민이 아니면 하선할 수 없다. 상륙할 경우에는 투어 신청을 하거나 5명 이상이면 안에이 관광에 상담할 수 있다.
P136 MAP-C

파나리 섬 관광
TEL　　　090-4984-8800
RATES　　이시가키 섬 출발 '마음껏 아라구스쿠 섬 산책 & 스노클링 투어' 1일 코스 ¥10,500 (선박요금, 보험료, 도시락·음료 포함)
HP　　　panari88.com

KUROSHIMA
구로 섬
黒島

바닷바람을 온몸으로 맞으며
자전거로 목초지를 일직선으로 가른다!

사람보다 소가 많은 소의 섬, 구로 섬. 여유로움을 만끽하기에는 최적의 장소다. 다른 섬보다도 관광객이 적고, 푸른 목초지의 외길을 자전거로 달리는 상쾌함은 비할 길이 없다. 바다에서 헤엄치거나, 촌락을 산책하는 것도 좋다. 한가로운 섬이 지친 날개를 쉬게 해 준다.

------------------ SHIMA DATA ------------------

- 인구 / 198명(2014년 3월 현재)
- 면적 / 10.02㎢ • 둘레 / 12.6㎞
- 섬까지 가는 방법 / 이시가키 항 이도 터미널에서 구로시마 항까지 페리로 25분
- 섬 내 교통수단 / 자전거 대여
- 가게 / 편의점은 없음. 식당, 카페, 상점 등 소수

가게 안에서는 옷과 잡화 외에도 보석 디자이너인 타마미 씨의 언니가 만든 액세서리와 도예가인 남동생이 만든 그릇도 판매 중이다.

1 오늘의 타르트와 남국 과실 차 세트 ¥700 2 구로 섬의 풍경과 가족사진이 소중하게 장식된 가게 내부. 요시타카 씨는 형제가 14명이라고! 어부였던 아버지의 사진이 깊이 있고 멋지다. 3 구로 섬 산 아사(해초) 토핑 마요네즈 치즈 토스트 ¥400. 파파야가 들어간 카레 ¥700도 인기 메뉴

CAFE

Living cafe & zakka iconoma
리빙 카페 앤드 자카 이코노마

リビング カフェ アンド ザッカ イコノマ

프랑스 유학파 디자이너가 만든
섬에서 유일한 파리풍 카페

Living cafe & zakka iconoma
ACCESS 구로시마 항에서 자전거로 10분 P136 MAP-E 카페
ADD   다케토미쵸 구로시마 1409-1
        竹富町黒島1409-1
TEL   090-1179-3204
OPEN   11:00~17:00(비정기 휴무)

구로 섬에 도착하면 일단 나카모토 해안에서 해수욕을 즐기고 촌락 내부를 자전거로 돌아본 다음 Living cafe & zakka iconoma에서 한숨 돌리는 것이 나의 방식이다. 소박한 섬에 이렇게 예쁜 카페가 존재하는 이유가 있다. 카페 주인인 가네시로 타마미 씨는 프랑스 유학파로 원래는 가방 디자이너였다. 앤티크 가구와 액자에 든 사진으로 장식된 가게 안에는 파리의 카페에서 배운 아이스커피와 프랑스산 시럽을 넣은 소다 등 여기가 구로 섬이라는 사실을 잊게 만드는 메뉴가 빼곡하다.

10년 정도 프랑스계 의류회사에 근무했던 타마미 씨는 휴가를 겸해 구로 섬에 여행을 왔고, 그때 14살 연상의 요시타카 씨를 만났다. 일단 파리로 돌아갔지만 구로 섬을 잊지 못해 섬으로 시집오게 되었다고 한다.

"처음 구로 섬의 바다를 봤을 때, 하나님이 주신 선물이라고 생각했어요. 오키나와 친구가 '오늘의 바다 색깔'이라고 보내주는 메일을 보면서 아, 나는 왜 지금 사무실에 있는 거지?라며 너무 부러워했었죠. 지금은 밤하늘의 별과 저녁놀의 구름을 볼 때마다 이사해서 다행이라고 진심으로 감사하게 생각하고 있어요."

구로 섬의 매력과 섬에서의 생활, 남편의 목장, 프랑스에 살았던 시절의 추억 등 타마미 씨와 이야기를 나누는 게 즐거워서 나는 항상 남국 과실 차와 커피를 리필해가며 몇 시간씩 이곳에 머무른다.

섬 생활에는 힘든 점도 무척 많다. 무언가를 얻으면 다른 무언가를 잃는 것이 인생이다. 커다란 선택을 한 타마미 씨와 대화할 때마다 나는 무엇을 선택해서 살고 있는지 작은 섬의 자그마한 카페에서 생각하게 된다.

1 단지 물에 떠 있기만 해도 수많은 물고기를 만날 수 있는 나카모토 해안 **2** 헤엄친 후 정자에서 바닷바람을 맞으며 느긋하게 휴식을 취하자. 화장실, 샤워, 매점 등이 있다. **3** 바다거북의 생태조사를 하는 구로 섬 연구소. 거북이 모양을 한 멜론빵 ¥150이 선물용으로 인기

BEACH

나카모토 해안
仲本海岸
NAKAMOTO KAIGAN

자전거를 타고 바다로 직행! 천연 수영장에서 여름을 만끽

구로시마 항에 도착하면 우선 자전거를 빌려서 스노클링 장소로 유명한 나카모토 해안으로! 양쪽으로 목장을 바라보며 페달을 밟으면 부드러운 바닷바람을 느낄 수 있다. 땀이 쏙 배어 나올 때쯤 풍덩 하고 바다로 다이빙! 땀을 흘려서 뜨거워진 몸이 차게 식는 느낌이 좋다. 산호 암벽에는 수많은 물고기가 숨어 있어서 잘 관찰하고 있으면 물고기가 바위틈에서 쏟아져 나오는 것이 재미있다. 흰동가리, 자리돔, 코란엔젤 등 형형색색의 물고기를 만날 수 있다.

근처 구로시마 연구소는 귀여운 새끼 거북이를 견학할 수 있는 투어와 이벤트를 수시로 개최한다. 항구 부근의 서쪽 해변은 바다거북이 산란하러 찾을 정도로 깨끗한 바다로 이리오모테 섬과 아라구스쿠 섬으로 지는 석양도 볼 수 있다.

나카모토 해안
ACCESS 구로시마 항에서 자전거로 15분
P136 MAP-E 비치
ADD 다케토미쵸 구로시마
竹富町黒島
TEL 0980-82-5445(다케토미쵸 관광협회)
※ 조류의 흐름이 급해서 안전사고가 많다. 파도가 높은 날은 수영 금지. 수영 시 구명조끼 착용을 추천한다.

구로시마 연구소
ACCESS 구로시마 항에서 자전거로 20분 거북
ADD 다케토미쵸 구로시마136
竹富町黒島136
TEL 0980-85-4341
OPEN 9:00〜18:00(무휴)
ADMISSION ¥300
HP www.kuroshima.org

KUROSHIMA 069

MARKET

시마요메 시장

島嫁市
SHIMAYOMEICHI

카페에 네일아트에 마사지
신부의 웃는 얼굴이 빛난다

구로 섬에는 매년 몇 차례, 시마요메 섬 며느리 시장이라는 이름의 벼룩시장이 열린다. 붉은 기와지붕의 오래된 민가 정원에 섬의 며느리들이 모인다. 음식이나 수제 잡화, 빈티지 의류, 가전제품, 책 등 10명 정도의 출품자가 자리를 깔고 쇼핑 이라기보다는 수다 을 즐기는 작은 축제다.

"섬에는 육지에서 시집온 사람이 많아서 카페나 디자이너, 플로리스트처럼 저마다 다른 경력을 갖고 있어요"라고 이야기를 꺼낸 사람은 주최자인 아라구스쿠 미호 씨. '이 사람들의 특기를 모으면 뭔가 재미있는 일이 일어날 것 같아서' 시작했다고 한다.

회를 거듭할수록 외지에서도 참가자가 늘어서 정원에 트리 하우스를 만들기도 하고 할머니가 젤 네일아트를 받으러 오기도 하는 등 점점 분위기가 고조되고 있다.

저녁에는 시마요메 저녁 시장을 개최한다. 아이들을 아빠에게 맡기고 밤늦게까지 수다를 나누는 섬의 며느리들. 어디에 가더라도 스스로 즐길 거리를 만들어내고 웃음을 잃지 않는다. 씩씩한 여성들에게 건배!

1 밝은 웃음소리가 끊이지 않는 시마요메 시장 멤버들 2, 3 롤 차 파티와 두유 스파이스 차이 등 호화롭다. 네일아트와 마사지 등 참가자가 특기를 살려 가게를 내거나 지역 축제인 아사(해초) 축제와 협력해서 아사 요리를 선보이기도 한다.

시마요메 시장

ACCESS   구로시마 항에서 자전거로 10분(외지인은 셔틀버스 있음)
         P136 MAP-E 시장
ADD   다케토미쵸 구로시마 2524-4
         竹富町黒島2524-4
TEL   090-6827-6682
ADMISSION 한 품목을 가져오거나 혹은 ¥300
OPEN   11:00~17:00

3

COLUMN
II

−구로 섬의 전래 민화−
소 발굽이 갈라진 이유

옛날 옛날에 하나님은 심심풀이로 소와 말을 경주 시켰습니다.
말은 '느릿느릿 소보다야 내가 빠르지'라고 생각해서 도중에 느긋하게
길가의 풀을 뜯어 먹었습니다.
한편 소는 '어차피 말이 빠르지 뭐'하는 생각은 했지만 침을 흘리면서도
쉬지 않고 열심히 달렸습니다.
결국, 계속해서 달린 소가 이겼습니다.

소는 하나님에게 말했습니다.
"제 앞발의 발굽이 갈라질 때까지 달렸습니다."
그러자 하나님은 "그래? 그렇다면 상으로 뿔을 주마"라며 소머리에
뿔을 달아주었습니다.
소는 너무도 기쁜 나머지 펄쩍 뛰어올랐지만, 하필 바위에 떨어지는
바람에 뒷발굽까지 갈라져 버렸습니다.
그래서 소는 양발 발굽이 모두 갈라진 것입니다.

말은 옛날에 하나님에게 부러진 뿔을 돌려받으려 했지만,
하나님이 그 뿔을 소에게 주시는 바람에 체념하게 되었다고 합니다.

(오키나와 역사센터 《어째서 어째서 야에야마의 민화》에서 발췌)

IRIOMOTEJIMA

이리오모테 섬

西表島

공방과 농원, 카페를 둘러보며
제작자와 나누는 대화를 즐긴다.

동양의 갈라파고스라고 불리는 아열대 섬인 이리오모테 섬에서 맹그로브 숲을 지나가는 카누, 폭포를 찾아가는 정글 트래킹 등 이 섬에서만 즐길 수 있는 생태 관광을 반드시 체험하기를 바란다. 파초일엽과 멧돼지, 톱날꽃게, 오징어 먹물 등 바다와 산이 주는 선물로 풍부하다. 다양한 섬 요리를 즐길 수 있다.

------------------------ 🐗 SHIMA DATA ------------------------

- 인구 / 2,260명(2014년 3월 현재)
- 면적 / 289㎢   • 둘레 / 130㎞
- 섬까지 가는 방법 / 이시가키 항 이도 터미널에서 우에하라 항까지 페리로 40분, 이시가키 항 이도 터미널에서 오하라 항까지 페리로 35분
- 섬 내 교통수단 / 렌터카, 오토바이 대여, 버스
- 가게 / 편의점은 없음. 시가지에 음식점, 식당, 상점 등이 있음

'신의 자리'라고 불리는 간비레 폭포. 포트 홀(pot hole)이라고 불리는 바위 지대에는 물길로 생긴 둥그런 구멍이 많아 그 속에서 헤엄치면 새우나 잔물고기를 관찰할 수 있다.

NATURE

마리유두 폭포·
간비레 폭포
マリユドゥの滝・カンビレーの滝
MARIYUDŪ NO TAKI·
KANBIRĒ NO TAKI

파워 스팟인 폭포를 목표로
우라우치 강 정글 트래킹

우라우치 강 관광

ACCESS	오하라 항에서 차로 1시간 P136 MAP-C 🚢
ADD	다케토미쵸 우에하라 870-3(유람선 승선장) 竹富町上原870-3
TEL	0980-85-6154
OPEN	9:30(성수기는 9:00)~14:00 (무휴 ※ 날씨와 수위에 따라 변동 가능)
RATES	승선권 ¥1,800
HP	www.urauchigawa.com

일본 최대의 아열대 원생림은 직접 체감하는 것이 최고! 섬의 성지인 마리유두 폭포와 간비레 폭포가 최종 목적지인 정글 트래킹은 맹그로브 숲과 섬에서만 볼 수 있는 희소동물 등을 만날 수 있는 인기 코스다.

시작 지점의 군함 바위까지는 우라우치 강 근처의 유람선 승선장에서 배로 갈 수 있다. 신나는 장내방송을 들으며 정글 크루징을 마치면 군함 바위에 도착한다. 걷기 시작하자마자 남쪽 나라 특유의 축축한 공기에 둘러싸여, 깊고 짙은 녹음의 세상에서 숨을 쉬게 된다. 굵은 나무뿌리가 길을 막고 있기도 하고, 쓰러진 나무에서 새로 싹이 트기도 한다. 자연의 강력함과 식물의 생명력에 압도되면서 30분 정도 걸으면 마리유두 폭포를 조망하는 전망대에 도착한다. 낙차 16m, 폭 20m, 3단 폭포가 호쾌한 물방울을 튀기면서 떨어지는 모습은 박력이 넘친다.

간비레 폭포는 15분 정도 더 깊숙이 걸어 들어간다. 약 200m 길이의 작은 폭포가 몇 단이고 계속되며 가파르지 않은 경사면을 흘러내리는 모습은 우아하면서도 장대하다. 간비레의 '간'은 '신', '비레'는 '앉다'라는 의미로 섬에 내려오는 전설로는 이곳에 신들이 모여 살았다고 한다. 현재도 도민들이 숭상하는 이리오모테 섬 최대의 소중한 성지라고 한다.

폭포 주변의 깨끗한 물로 지친 몸을 식히자. 두 개의 폭포를 보고 왕복하는 코스는 약 3시간 정도 걸린다. 물놀이하거나, 점심을 먹거나, 여유롭게 보내고 싶다면 여유를 갖고 계획을 짜서 배 시간을 확인한다.

그 밖에도 섬 안에는 거대한 바위가 움푹 파인 곳에서 물놀이를 즐길 수 있는 피나이사라 수직 폭포와 가혹한 역사가 그대로 남아 있는 탄광 자리 등 볼만한 장소로 가득하다. 아열대 대자연 속에서 음이온욕을 실컷 즐기고 오자.

1 '둥근 웅덩이'라는 뜻의 마리유두 폭포. 일본 폭포 100선에도 선정되었다. 2 이리오모테 섬 정글에 들어가면 만나게 되는 판근(널빤지처럼 생긴 나무뿌리)이 발달한 선도소방목. 옛날에는 사바니(오키나와 지방의 소형 선박)의 키로 사용했다고 한다.

섬 새우 허브튀김. 장명초로 만든 허브 솔트를 뿌린 새우와 문어는 나나코 씨, 큰 생선은 노부스케 씨의 전문 분야라고 한다.

IRIOMOTEJIMA   075

FOOD

아와나미와 섬의 맛
하테루마

泡波と島の味　はてるま
AWANAMI TO SHIMA NO AJI
HATERUMA

보물섬의 은혜로 만드는
살아가는데 약이 되는 섬의 식사

오키나와에는 누치구스이 생명의 약 라는 말이 있다. 음식이 몸을 만들고, 생명의 약이 된다는 생각으로 자연에서 난 재료를 사용해서 만든 자양 음식을 먹으면 "누치구스이야~ 생명의 약이야~"라고 말하며 재료와 요리를 만들어준 사람에게 감사의 뜻을 표시한다.

아와나미와 섬의 맛 하테루마의 식사는 정말 말 그대로 누치구스이다. '이 음식을 먹기 위해 이리오모테 섬에 가고 싶다'고 생각할 만큼 맛있다. 씀바귀 무침과 아사튀김 등 한입 맛보면 몸이 되살아나는 기분이 든다.

가게를 꾸려나가는 건 요시모토 나나코 씨와 아들 노부스케 씨다. 두 사람은 만나면 "오늘은 사리 때라서 새벽 3시부터 고기 잡으러 갔었어요"던가 "어제 이만큼 큰 문어를 잡았는데, 어떻게 요리할래?" 이런 식으로 항상 바다 이야기가 시작된다. 그리고 부엌에는 마당에서 막 캐온 채소가 즐비하다.

"직접 잡은 재료로 음식을 만들 수 있잖아. 지금이 제일 이상적인 생활이지"라고 이야기하는 나나코 씨. 이 경지에 오르기까지는 우여곡절이 많았다.

1, 2 씀바귀 찐 가다랑어 무침(위). 난반소스로 밑간한 정어리구이. 중학교 때, 낚시하러 갔다가 "직접 요리할 거 아니면 낚지 마"라고 나나코 씨에게 판잔을 들은 노부스케 씨는 덕분에 오랜 물고기 요리 경력을 자랑한다. **3** 바쁜 날은 함께 주방에 서는 두 사람. 섬에서는 여자를 고생시키지 않기 위해 힘쓰는 일인 물고기 요리는 남자가 담당한다고 한다.

　나나코 씨가 태어난 곳은 하테루마 섬이다. 들풀과 해조류를 채취하고, 된장과 간장을 만드는 등 어머니에게 배운 자급자족 요리법이 큰 재산이 되었다. 25살에 나하로 나와서 다양한 직종에 종사했다. '어차피 일할 거면 좋아하는 요리를 하자'고 37살 때 시내에 요리점 '하테루마'를 열었다. 세 아이를 키우고 생계를 꾸리기 위해서였다.
　당시 섬 채소 요리를 파는 가게는 적었지만 나나코 씨는 본인이 가장 좋아하는 섬고사리와 씀바귀 등을 뜯어서 메뉴로 만들었다. 그러자 손님들이 "아, 그리운 엄마의 맛이야"라며 좋은 반응을 보였다고 한다. 그로부터 15년, 하테루마는 전설의 가게로 소문날 정도로 손님들에게 사랑받았다. 하지만 한편으로 '평생 짊어지고 가야 하는' 사건도 있었다. 중학생이었던 둘째 딸의 죽음이다. 즐거운 일도 괴로운 일도 있었던 나하 시절, 늘 마음 한편에 '언젠가는 야에야마로 돌아가고 싶다'는 생각이 자리하게 되었다.
　그리고 52세가 되자 오빠의 병간호를 계기로 야에야마로 돌아왔다. 섬은 섬이지만 이리오모테 섬으로 이주한 이유는 어릴 적 하테루마 섬에서 보이던 이리오모테 섬이 크기도 하고 산과 강이 있어 부러웠기 때문이라고 한다. "바다로 나가면 해방된 기분이 들지. 해조류도 문어도 잔뜩 잡히는 이 섬은 보물섬이야"라며 자유롭고 편안하게 생활하고 있다.
　지금은 주로 나나코 씨가 재료 조달, 노부스케 씨가 요리를 담당하고 있다. 많은 손님이 노부스케 씨의 요리를 "우리 엄마 맛과 똑같다"고 말한다. 노부스케 씨가 어머니에게 배운 것은 가령 이런 것이다. "씀바귀 무침은 계절에 따라 식이섬유 함유량이 다르니까 여름에는 식이섬유를 으깨듯이 세게, 겨울에는 살살 무쳐야 해요. 손의 감각을 중요하게 생각하라고 배웠죠." 노부스케 씨는 어릴 때 종종 "엄마 밥 먹자"며 친구들을 가게로 데려왔다고 한다. 틀림없이 사랑하는 엄마를 자랑하고 싶었을 테다. 유명한 가게를 잇는다는 압박은 있지만 '10년 하면 내 가게가 될 것'이라는 생각으로 가게와 어머니를 지탱하고 있다.

바다 향이 코끝을 간질이는 아사튀김, 씁쓸하지만 깊은 맛이 우러나는 씀바귀 찐 가다랑어 무침…. 몸에 약이 되는 식사를 하니 재료의 영양분이 손과 발끝까지 전달되는 느낌이다. 그리고 식사를 마치면 고향의 어머니를 떠올리게 하는 포근한 향수에 젖게 된다.

아와나미와 섬의 맛 하테루마

ACCESS	오하라 항에서 도보로 5분
	P136 MAP-C 식사
ADD	다케토미쵸 하이미 201-101
	竹富町南風見201-101
TEL	0980-85-5623
OPEN	18:00~23:00(일요일 정기 휴무, 비정기 휴무)

'문 등 잡았어'

4 제철 채소가 무럭무럭 자라는 나나코 씨의 밭. "닭똥이랑 어즙, 음식 찌꺼기 같은 걸 비료로 주기 때문에 우리 흙도 좋아~." 5, 6 반짝거리는 신선한 채소와 섬새우. "어릴 적에 자주 게를 잡아서 아단 나무 그늘에서 먹었어요. 채소도 생선도 갓 잡은 게 가장 맛있죠!" (노부스케 씨) 7 맹그로브 숲 근처에 있는 가게. 하테루마 섬의 아와모리 술인 '아와나미'를 상비하고 있다. 나하 시절부터 팬이었던 단골 대부분이 지금도 이리오모테 섬으로 찾아온다. 8 전날 나나코 씨가 잡아온 3.5kg의 대형 문어. "이렇게 큰 녀석은 드물어"라고 흥분한 기색이다. 카르파쵸로 할지 튀길지 조리법을 놓고 분위기가 고조되었다.

해외에서 연구자와 디자이너가 자주 방문하는 구루 공방. 전통을 남기기 위해서는 현대에 맞게 연구할 필요가 있다. 대학과 해외작가와의 합동 프로젝트도 많다.

CRAFTS

구루 공방
紅露工房
KŪRUKŌBO

바닷바람과 태양을 짜 넣은
세월에 걸쳐 만드는 천

"우리 일의 90%는 보이지 않는 작업이야. 보이지 않는 작업이 진짜 좋은 걸 만들지." 영화 〈가이아심포니 제5번〉 이시가키 아키코 씨의 대사

이시가키 아키코 씨는 홍로와 망고스틴 나무 등을 사용한 야에야마 지방의 염색기술을 현대에 되살린 천연염색 전문가다. 학창시절, 영화 속에서 아키코 씨가 천을 만드는 장면을 보고 이런 대자연 속에서 만들어지는 천이 있다는 사실에 큰 충격을 받았다.

맑게 갠 봄날 구루 공방을 찾았다. 마침 실 파초 껍질을 벗겨서 섬유를 꺼내는 '모시실 벗기기' 작업 중이었다.

섬유업계도 기계화가 진척되었지만, 아키코 씨는 이 작업 속에 '식물과 인간의 정신적인 대화'가 존재한다고 말한다. "아기 피부처럼 기분 좋은 감촉, 자르면 즙이 배어 나오는 감각, 나이테 모양의 디자인…. 기계 버튼을 누르는 것으로는 절대 알 수 없는 감각이 있지. 그게 참 즐겁다네"라며 계속해서 손을 놀린다.

실 파초도 모시도 면도 실의 소재는 전부 자가 재배한다. 염료도 홍로와 망고스틴 나무 등 섬에 자생하는 식물을 사용해서 실과 천을 물들인다. 직물이라고 하면 기계로 짠다는 이미지가 강하지만, 아키코 씨 작업의 90%는 실 만들기다. 실 파초가 자라기까지 3년 이상 걸리며 다 자라면 섬유를 벗겨서 실을 만들고 염색한다. 직조기에 실을 걸면 금방 끝나는 일을 수개월에 걸쳐서 비 오는 날이나 겨울이나 마음을 비우고 탁탁 짜낸다.

구로 공방 직물의 특징은 실 파초 실에 모시나 면을 함께 짠 '파초교포'와 완성된 천을 바다에 담그는 '바닷물 표백' 과정이다. 그러면 수년간이라는 세월에 걸쳐 이리오모테 섬의 바다와 태양, 바람을 듬뿍 짜 넣은 보드라운 천이 완성된다.

1 '모시실 벗기기' 작업 중인 아키코 씨. "좋은 실인지 아닌지 이 단계에서 알 수 있지. 손질해서 키운 실 파초가 아니면 깨끗한 섬유가 되지 않거든." 2 '모시실 벗기기'를 통해 태어난 실 파초 섬유 다발은 투명할 정도로 얇고 빛이 난다. 3 묶은 섬유를 가쥬마루 나무 잿물로 삶는 '모시실 삶기'는 남편 이시가키 긴세이 씨 담당. 불 조절과 잿물 비율 조절이 무척 어렵다. 4 진하고도 깊은 주황색 염료가 되는 홍로. "산에서 멧돼지가 먹다 남긴 게 좋은 색이 난다오. 멧돼지는 해독을 위해서 먹는다고 하더구먼. 자연은 여간 잘 만들어진 게 아니란 말이지."

이리오모테 섬 에코 투어리즘 센터

ACCESS 우에하라 항에서 차로 10 분
ADD 다케토미쵸 우에하라 870-277
竹富町上原870-277
TEL 0980-85-6231
OPEN 9:30~16:40(비정기 휴무)

※ '구루 공방'은 일반 공개는 하지 않습니다. 염색과 실 만들기 체험을 희망하시는 분은 이리오모테 섬 에코 투어리즘 센터로 문의하세요.

다케토미 섬에서 나고 자란 아키코 씨. 어릴 때는 도회지를 동경해서 섬 문화는 오히려 싫어했다고 한다. 그런데 도쿄의 미술대학으로 진학해 일본 민예관에 있는 오키나와 코너를 둘러봤을 때 할머니 옷장 속에 있는 기모노가 아주 멋들어지게 걸려 있는 것에 충격을 받았다고 한다. 섬 문화의 귀중함을 깨달은 순간이었다. 이후 염직의 대가 시무라 후쿠미 씨를 만나 본격적인 염직의 길을 걷게 되었다.

서른을 넘어 다케토미 섬으로 돌아온 아키코 씨는 1980년 결혼을 계기로 이리오모테 섬으로 이주했다. 당시 이리오모테 섬은 직물문화가 끊겨서 공방은 밭에 실 파초를 심는 일부터 시작해야 했다. 그리고 섬에 자생하는 식물을 사용한 염색기술을 부활시켜, 지역 행사에서 사용하는 전통의상을 복원했다. 지역에서 큰 역할을 맡으면서 세상에 널리 알려지게 되었다.

맑은 날에는 실을 짓고, 비가 오는 날에는 천을 짠다. 봄에는 망고스틴 나무와 홍로, 여름에는 쪽과 홍수. 계절에 따라 염색에 사용하는 식물이 다르다. 작업공정에서 나오는 가쥬마루 나무 잿물은 도내의 도기 작가에게, 실 파초 섬유의 가루는 종이를 만드는 작가에게 나눠준다. 자연소재를 순환시키는 일, 옛날에는 지극히 당연하던 일을 지금도 유지하고 있다.

"세상에는 변해야 하는 것과 남겨야만 하는 것이 있다네. 남겨야 할 것은 자연이 주는 은혜이고 그에 따라오는 모든 것이지. 수작업 기술도, 문화도, 전통도, 인간과 자연의 관계도, 눈에 보이지 않는 것이 가장 중요한 법이지."

이처럼 아키코 씨는 자연을 따르는 천 만들기를 통해 사회에 하나의 메시지를 보낸다.

5 모시를 손으로 비비면 한 가닥 실이 완성된다. 끈기 있는 실 만들기 작업이 대부분을 차지한다. **6** 고향 다케토미 섬의 신부 물품 3가지 세트. 민사 기모노용 허리띠와 자신의 무늬를 짜 넣은 손수건과 보자기 **7** 수천 그루의 실 파초가 무성한 공방의 밭. "뭐든지 돈으로 살 수 있는 시대지만 이리오모테 섬의 물과 공기, 건강한 실 파초는 돈으로 살 수 없지. 이 자연환경 속에서만 만들 수 있는 천이란 것도 있다네."

실 파초와 모시로 짠 파초교포 기모노. 두 가지 소재가 섞여서 더욱 감촉이 좋아지고 장 랑찰랑하고 아름다운 천으로 완성된다.

호화로운 캐노피가 달린 객실은 갈색을 바탕으로 한 차분한 인테리어. 다이빙 장비를 씻는 곳도 완비하고 있다.

1 주인 오야마 씨 부부. 바다든 산이든 섬의 명소를 잘 알아서 여행 상담도 해준다. 2 둘이서 들어가도 될 정도로 큰 자쿠지. 연인 또는 부부가 같이 온다면 틀림없이 애정이 깊어질 것이다! 3 외동딸 시호리도 좋아한다는 삼각형 옥상. 여기서 모아둔 조개껍데기를 큰 조개에 담아서 아빠에게 선물해준다고 한다. 귀여워!!

2   3

STAY 🏠

틴누칼라
ティンヌカーラ
TINNUKARLA

파이카지를 맞으며
은하수를 바라보고 반딧불이를 감상한다

틴누칼라

ACCESS	이리오모테 섬 우에하라항에서 차로 10분
	P136 MAP-C 숙소
ADD	다케토미쵸 우에하라 10-647
	竹富町上原 10-647
TEL	0980-85-6017
RATES	1박 조식 포함 1인 요금 ¥10,000~
HP	www.tinnukarla.com

1

섬 방언에 '파이카지 남풍'라는 말이 있다. 봄부터 여름에 걸쳐 남쪽에서 불어오는 따뜻한 바람이다. 나무그늘이나 녹음 아래에서 파이카지가 불어오면 진심으로 '기분 좋다'고 느껴지는 오키나와만의 바람이다.

이처럼 부드러운 바람이 부는 작은 펜션이 이리오모테 섬의 별모래 해변 근처에 있다. 삼각형 옥상이 특징인 숙소 틴누칼라는 주인 오야마 코지 씨가 건축가 에노모토 히로유키 씨에게 섬 바람을 느낄 수 있게 설계해 달라고 부탁해서 2006년에 완성했다. 삼각형 옥상 계단에 앉으면 바다에서 기분 좋은 파이카지가 뺨을 어루만진다. 정원의 아열대 나뭇잎이 흔들리고, 멀리 바다가 반짝반짝 빛나는 것이 보인다.

다이빙을 사랑해서 이리오모테 섬으로 이주한 오야마 씨 부부. "외딴섬의 바다라는 바다는 전부 들어가 봤는데 가장 마음에 든 게 이리오모테 섬의 바다였어요. 그중에서도 여기서 보이는 문 비치 쓰키가하마 부터 별모래 해변 호시즈나 해변 까지가 제일 좋아요. 산호가 무척 예쁘고, 모래톱에는 물고기가 잔뜩 있어요"라고 흥분해서 이야기한다. 손님 한 사람 한 사람을 소중하게 생각하기에 펜션 객실은 3실 한정으로 모두 자쿠지가 달려 있다. 아시아풍 인테리어의 캐노피가 달린 침대가 섬에서 지내는 기분을 고조시킨다. 틴누칼라는 이리오모테 섬 말로 은하수라는 뜻이다. 말 그대로 밤에는 하늘에 반짝이는 별이 가득하다. 자쿠지에 잠겨서 천연 플라네타리움을 독점하는 사치스러운 기분을 맛볼 수 있다.

게다가 이곳에서는 반딧불이를 일 년 내내 볼 수 있다. 마당은 물론이고 삼각형 옥상의 복도에도 다양한 종류의 반딧불이가 들어와서 환상적인 광경이 펼쳐진다.

1 드라마 '루리의 섬'의 주제가 '이곳에만 피는 꽃'(코부쿠로)에서는 이 섬을 '마음에 옭아맨 짐을 조용히 내려놓는 장소라'고 표현한다. 2 하토마 섬 등대는 해발 33.8m의 섬에서 가장 높은 언덕에 서 있다. 유명한 오키나와 민요 '하토마부시'는 이곳에서 바라본 경치를 노래한 것이다. 3 바다 바로 앞의 초등학교. 1년에 한 번 열리는 운동회는 섬 출신인 사람이나 친척뿐만 아니라 여행자도 참가할 수 있는 프로그램을 갖추고 있어서 대성황을 이룬다. 4 개인 해변 같은 작은 해변이 이곳저곳에 흩어져 있다. 섬사람들이 추천한 흰 모래의 야라 해변에 서서 건너편에 보이는 이리오모테 섬이 도희지처럼 보인다.

HATOMAJIMA
하토마 섬
鳩間島

소설과 드라마의 배경이 된
야에야마의 안방

이리오모테 섬에서 북서쪽 7km 정도 떨어진 곳에 있는 하토마 섬은 인구 52명, 둘레 3km의 작은 섬이다. 관광명소도 숙박시설도 적은 섬에서 할 수 있는 일이란 천연 해변에서 헤엄치거나 나무 그늘에서 낮잠을 즐기거나 숙소에서 아와모리를 마시거나, 즉 느긋하게 보내는 것뿐이다. 소박한 섬이지만 찾아오는 사람도 많은 야에야마의 안방 같은 존재다.

촌락을 걷다 보면 아이들이 활기차게 인사를 건넨다. 섬사람들이 하나같이 아이들은 섬의 보물이라고 입을 모아 말한다. 섬에는 등교거부나 이런저런 사정을 가진 아이를 맡아서 수양아들 딸 삼아, 섬 전체가 키우는 제도가 있다. 논픽션 소설인 《자식 구걸~ 오키나와 고도의 세월》 모리구치 카츠 지음 이 원안인 드라마 〈루리의 섬〉의 배경이 되기도 했다.

섬 어른 전원이 아이를 기르는 사회, 인사를 나누는 것만으로도 섬사람들의 애정이 전해져서 마음이 촉촉해진다. 편리한 것이나 정보가 적으면 인간은 자연과 상상력이 풍부해진다. 그것이 이 섬 최대의 매력일지도 모르겠다.

하토마 섬

ACCESS 이시가키 섬 이도 터미널에서 하토마·이토마 항 터미널까지 페리로 40분(이리오모테 섬 우에하라 항을 경유하는 경우에는 50분). 이리오모테 우에하라 항에서 하토마 섬까지 페리로 10분
TEL 0980-82-5445(다케토미쵸 관광협회)
※ 섬에는 매점이 하나밖에 없으므로 음료수와 음식은 지참
P136 MAP-C

HATERUMAJIMA

하테루마 섬

波照間島

일본 최남단에서 별을 보다,
해수욕 후에는 명물 빙수를

일본 최남단 유인도. 촌락부터 일본 최남단 비석과 니시 해변까지는 바닷바람을 맞으며 자전거로 달리자. 뜨거워진 몸으로 바다에 뛰어드는 기분도 최고다!
해수욕 후에 먹는 흑당 빙수와 섬술 아이스크림은 각별한 맛이다. 밤에는 꼭 별로 가득한 하늘을 올려다보고 남십자성을 찾아보자.

---------------- 🐾 SHIMA DATA ----------------

- 인구 / 539명(2014년 3월 현재)
- 면적 / 12.77㎢   • 둘레 / 14.8㎞
- 섬까지 가는 방법 / 이시가키 항 이도 터미널에서 하테루마 항까지 페리로 1시간
- 섬 내 교통수단 / 자전거 대여, 오토바이 대여
- 가게 / 편의점은 없음. 요리점, 식당, 상점 등은 있음

BEACH

니시 해변
ニシ浜
NISHIHAMA

누구나 사랑에 빠지게 되는
크림소다빛 바다

펜션 최남단	
ACCESS	하테루마 항에서 자전거로 10분 P136 MAP-F 해변
ADD	다케토미쵸 하테루마 886-1
	竹富町波照間886-1
TEL	0980-85-8686
RATES	1박 2식 포함 1인당 ¥8,800~
HP	www5.ocn.ne.jp/~besuma

처음 이 바다를 보았을 때, 과장하는 게 아니라 정말로 '살아 있어서 다행'이라고 생각했다. 새하얀 파우더 모래와 크림소다색 바다의 대조가 무척 아름다운 니시 해변. 야에야마 굴지의 아름다움이라고 불리며, 이 바다를 보는 순간 누구나 하테루마 섬과 사랑에 빠진다고 한다. 홀로 여행하던 여성은 "몇 시간을 바라봐도 질리지 않는다"며 정자에서 하염없이 바다를 봤다고 하고, 해수욕을 마치고 나온 커플은 "바닷속이 진짜 용궁 같았어요! 물고기가 잔뜩 있어요!"라며 흥분해서 말한다.

모두가 최고로 행복한 하루를 보낼 수 있는 니시 해변. 누구든지 이 바다를 계속 보고 싶을 것이다. 그런 바람을 이뤄주는 숙소가 펜션 최남단이다. 섬에서 나고 자란 사키에다 슈지 씨 부부가 2007년 니시 해변 바로 앞에 펜션을 지었다. 물론 이 숙소의 장점은 방에서 보이는 절경이다. 아침, 점심, 저녁으로 변하는 바다색, 바다에 비치는 구름의 그림자와 바람 흐름으로 변하는 파도의 모습. 자연의 변화를 온종일 바라볼 수 있다.

숙소 옆에는 대여점이 있어서 스노클링 장비와 낚시 도구와 자전거도 빌릴 수 있다. 부디 자전거를 타고 섬을 한 바퀴 돌아보길 바란다. 촌락의 공동매점에서 섬 할머니와 이야기를 나누고, 밤하늘의 별 관측 타워와 일본 제일 남쪽 끝에 있는 비석인 단애 절벽 다카나자키를 찾아가 보는 것도 좋다. 장대한 자연 속에서 흐르는 땀은 최고의 디톡스가 될 것이다.

그리고 태양이 질 무렵, 당신의 귀가를 샴페인 골드 빛으로 빛나는 니시 해변이 기다리고 있다.

1 하테루마 블루라고 불리는 니시 해변의 바다. 아침 일찍 또는 해 질 무렵의 해변 산책은 마음을 씻겨 내려 준다. 2 밤에 펜션 최남단 옥상으로 올라가면 하늘에 가득한 별이 수평선 건너까지 이어진다.

CHAPTER 2　　　YAEYAMA SHOTŌ

SWEETS

팔러 민피카
パーラーみんぴか
PARLOUR MINPIKA

푸른 바다, 푸른 하늘, 빙수
흑당의 향과 맛에 사로잡히다

팔러 민피카

ACCESS 하테루마 항에서 자전거로 10분
P136 MAP-F `디저트`

ADD 야에야마 군 다케토미쵸 아자하테루마 465
八重山郡竹富町字波照間465

OPEN 11:00~13:00, 14:30~17:00
(목요일 정기 휴무, 비정기 휴무)

하테루마 흑당 시럽 스페셜 ¥500(세금 포함). 시판 흑당의 맛과는 차원이 다른 맛. 얼음 속에도 흑당이 가득 들어 있다.

1 바다가 보이는 카운터와 테이블 좌석이 있고 벽에는 샤미센이 걸려 있다. 혼죠 씨는 샤미센 선생님이라고. 2 자스민 차와 흑당 시럽을 뿌린 안닌도후 세트 ¥500(세금 포함) 3 버스 정류장 모양의 귀여운 간판. 바로 옆에는 잡화&옷 가게인 몬파나무가 있어서 하테루마 섬을 빼닮은 선물을 구매할 수 있다.

니시 해변에서 잔뜩 헤엄친 후에는 팔러 민피카로 직행한다. 지친 몸에 차가운 빙수는 그야말로 최고! 망고 우유 빙수와 하테루마 블루 빙수 등 메뉴가 다양하지만 뭐니 뭐니 해도 꼭 먹고 싶은 건 하테루마 흑당 시럽 스페셜이다. 곱게 간 얼음 위에 하테루마 섬의 흑당 시럽과 콩가루, 연유, 흑당 분말을 얹어서 나오는데 먹을수록 얼음 안쪽에서도 흑당이 나온다. 엄청나게 달지만, 숟가락을 놓을 수가 없어서 한 번에 다 먹게 된다.

하테루마 섬의 흑당은 품질이 좋은 것으로 유명해서 그 인기는 교토의 전통과자점이나 유명 백화점에서도 구매해 갈 정도라고 한다. 흑당이란 사탕수수즙을 그대로 끓여서 농축시켜 굳힌 것으로 미네랄과 비타민, 철분 등이 풍부하다. 섬에서는 농사일 틈틈이, 그리고 티타임에는 반드시 등장한다. 다 함께 까드득 흑당을 씹으면서 대화를 나누는 게 일상 풍경이다.

"섬에서는 할머니, 할아버지가 뜨거운 물에 타서 마실 정도로 흑당은 영양 만점이죠. 지칠 때 먹으면 활력을 주고, 뇌에도 좋다고 해요"라고 이야기하는 주인 혼죠 씨. "다른 섬에는 가본 적이 없어요"라고 말할 정도로 하테루마 섬을 사랑하는 그는 교토에서 이주해 왔다. "자전거를 탄 관광객이 집 앞을 자주 지나가는데 언덕길이라서 다들 굉장히 힘들어하더라고요. 그래서 급수대를 설치하는 것처럼 간이음식점을 차렸어요." 그것이 2005년의 일로 이후 빙수를 먹으며 바다를 바라보는 테라스가 좋은 평판을 얻었고 지금은 섬을 대표하는 인기 가게가 되었다. 동시에 흑당의 맛도 전달하는 이른바 흑당 전도사와 같은 존재다.

CHAPTER 2　　　YAEYAMASHOTŌ

사방에서 빛이 들어오고, 바람도 잘 통하는 가게 내부. 선캐처에는 미러볼형 ¥2,680과 물방울형 ¥2,380이 있다.

어부가 사용하는 전통 부표를 재현한 구슬 스트랩 ¥1,380~이나 섬의 가수 아토후소코 슈지 씨의 앨범 '슈쟝' 등 여러가지 상품을 풍부하게 갖추고 있다.

HATERUMAJIMA   091

1 나가노 현 출신인 나카소코 미키 씨(우). "하테루마 섬은 작은 섬이지만 길 하나 잘못 들면 헤매고 말죠. 역동적인 자연환경도 즐겨주세요." 2 하테루마 섬의 비치 글래스로 만든 바다 패밀리 ¥1,860

SHOP

나카소코 상점
shop+cafe

NAKASOKOSHŌTEN
ショップ＋カフェ

섬술 아이스크림, 선캐쳐
섬의 힘에 의지해서

나카소코 상점 shop+cafe
ACCESS 하테루마 항에서 도보 5분
         P136 MAP-F 상점
ADD   다케토미쵸 하테루마 85
        竹富町波照間85
OPEN   9:00〜12:00, 14:00〜16:00(비정기 휴무)
HP   nakasoko.com

촌락을 산책하다 보면 유리창이 없는 개방적인 상점이 눈에 들어온다. 입구에는 자연광을 받아서 반짝반짝 빛나는 무언가가 보인다. "저게 뭐지?"하고 가까이 가서 보니 하테루마 섬에서 채취한 새하얀 산호와 스와로브스키 크리스털로 만든 선캐쳐다. 나카소코 상점 shop+cafe의 오리지널 상품으로 주인 나카소코 미키 씨가 "하테루마 섬을 찾은 사람은 신기하게도 모두 활력에 넘쳐서 돌아가요. 섬의 에너지를 그대로 담아서 들고 갈 수 있도록" 만들었다고 한다.

섬의 민박집 호시조라 장에 시집온 나카소코 씨. 가게를 시작한 계기는 용돈 벌이 삼아 지우개 도장으로 만든 밤하늘 별무늬 그림엽서였다. 100엔짜리 엽서를 여행자가 굉장히 마음에 들어 하며 사 가기에 다음에는 손으로 염색한 봉제 인형을 만들었는데 이것도 모두 팔렸다. 그래서 시부모님이 예전부터 경영한 가게를 재개장해서 2007년 나카소코 상점 shop+cafe를 열었다. 오리지널 티셔츠와 액세서리를 만들거나 섬 가수의 CD를 판매하기도 한다. 나카소코 씨는 "일단 처음 시작은 눈앞에 있던 사소한 것이었지만, 계속하다 보니 어느샌가 지금처럼 성장하게 되었어요"라고 말한다.

나카소코 씨가 고집하는 상품은 섬의 아와모리인 아와나미를 사용한 섬술 아이스크림이다. 이시가키 섬의 우유를 넣은 야에야마 모모와 히비스커스를 사용한 카파바나 등 제철 재료를 사용해서 가게에서 직접 만든다. 알코올 도수 6%로 농후한 아와모리 맛이 나며 술을 즐긴다면 추천한다.

나카소코 씨는 손님으로부터 "하테루마 섬에 와서 내 안에서 뭔가가 변했다", "나카소코 상점에서 나눈 대화를 통해서 앞으로 할 일을 찾았다"는 내용의 편지를 자주 받는다고 한다. "팔고 있는 게 물건이라고 생각하지 않아요. 섬이 지닌 힘이라고 이해해주면 좋겠어요."

COLUMN
III

−하테루마 섬의 전래 민화−
해파리가 된 소

오리온자리의 세 개의 별을 하테루마 섬에서는 다타시 별이라고 부릅니다.
다타시 별이 보일 때쯤
비를 맞은 논에 물이 퍼지고
농가는 모내기를 준비합니다.
논에 소를 넣어 힘껏 논을 갑니다.
그렇게 하면 논이 물을 잘 흡수해서 진흙이 부드러워지기 때문입니다.

옛날 옛날에
하테루마 섬에 무척 게으른 남자가 살았습니다.

게으름뱅이는 섬사람들이 소로 논을 가는 모습을 보고
"종일 소 한 마리를 뒤쫓아 다니다니 한심하군!"이라고 생각했습니다.
그리고 소 여덟 마리를 한 줄로 나란히 연결해서 왼쪽 끝의 소를 논 가운데에 오른쪽 끝의 소를 논의 제일 끝에 두고 소를 몰았습니다.
그러자 소는 빙글빙글 돌면서 논을 갈았습니다.
남자는 기뻐서 어찌할 바를 몰랐습니다.

이때, 바다 저 멀리서 큰 태풍이 닥쳐왔습니다.
사람들은 소와 함께 높은 곳으로 도망쳤지만
남자는 너무 우쭐대다가 태풍이 오는 것을 눈치채지 못했습니다.

남자가 깨달았을 때
큰 파도는 하얀 이빨을 드러내며 눈앞에 닥쳤고
소를 묶은 끈을 풀려고 해도 이미 늦어버렸습니다.
남자는 소와 함께 파도에 휩쓸려
먼바다로 떠내려가서 물에 빠져 죽었습니다.

사실 '소는 발굽에서 김이 자랄 때까지'라고 할 정도로 헤엄을 잘 칩니다.
하지만 하테루마 섬은 넓고 넓은 바다의 작은 섬입니다.
아무리 헤엄쳐도 섬을 찾을 수 없었습니다.
섬을 찾아 계속해서 헤엄을 치다가 소는 해파리가 되고 말았습니다.

매년 다타시 별이 보일 때쯤
섬 주변에 몰려드는 해파리 떼는
그때의 소들입니다.
해파리가 소처럼 음매, 음매 하고 우는 것은
섬이 그리워, 그리워, 하고 우는 것이랍니다.

(오키나와 역사센터 《어째서 어째서 야에야마의 민화》에서 발췌)

3
CHAPTER

MIYAKO SHOTŌ

미야코 제도
宮古諸島

미야코 섬 · 宮古島 　● **MIYAKOJIMA**
이케마 섬 · 池間島 　● **IKEMAJIMA**
구리마 섬 · 来間島 　● **KURIMAJIMA**
이라부 섬 / 시모지 섬 · 伊良部島 / 下地島 　● **IRABUJIMA / SHIMOJIJIMA**
다라마 섬 · 多良間島 　● **TARAMAJIMA**

MIYAKOJIMA
미야코 섬
宮古島

세계에 뽐내는 미야코의 푸른 바다
해변과 절경, 식도락을 즐기자.

'미야코 블루'라고 불리는 오키나와 굴지의 아름다운 바다에 둘러싸인 산호섬. 산이나 큰 강이 없어서 적토 등이 바다로 흘러들어 가지 않아 해수의 투명도가 오키나와에서 가장 높다. 바다 밑의 흰모래에 반사되는 태양 빛이 파란 바다를 한층 돋보이게 하니, 반짝반짝 빛나는 모습은 마치 꿈처럼 아름답다. 바다에 들어가면 더한 감동이 기다리고 있다.

-------------------- 🌺 SHIMA DATA --------------------

- 인구 / 49,146명(2014년 3월 현재)
- 면적 / 164.93㎢ • 둘레 / 179.8㎞
- 섬까지 가는 방법 / 나하 공항에서 미야코 공항까지 비행기로 50분 이시가키 신공항에서 미야코 공항까지 비행기로 30분
※ 일본 주요 도시에서 출발하는 직항편 있음
- 섬 내 교통수단 / 렌터카, 오토바이·자전거 대여, 버스
- 가게 / 식당, 카페, 편의점, 상점 등 다수 있음

형태와 색이 제각기 다른 산호. 야비지에는 대략 250종의 산호가 서식하고 있다.

SEA 三

야비지
八重干瀬
YABIJI

어부가 사랑하는 환상의 대륙
산호 꽃밭에서 무도회

야비지
ACCESS 미야코 공항에서 이케마 항까지 차로 40분.
        이케마 항에서 배로 20분 P138-G 바다
TEL   0980-73-2690(미야코지마 시 관광상공국)

야비지 전문 카르트 마린
TEL   0980-75-2939
RATES 야비지 스노클링 ¥8,334/ 1월
HP   www.cartemarine.net

처음 오키나와 바다에 잠수했을 때의 충격은 지금도 잊을 수가 없다. "모래사장에서 조금 벗어났을 뿐인데 육지와 전혀 다른 세상이 있을 줄이야!"라고 소리를 지르고 싶을 만큼 기쁨과 흥분으로 가득 찬 순간이었다.

푸른 미야코를 만끽하려면 바다에 잠수하는 것이 제일이다! 이케마 섬 북쪽으로 펼쳐진 야비지는 일본 최대 규모의 산호초 군락이며 최적의 스노클링 장소다. 봄부터 초여름에 걸친 썰물 때는 산호초가 해면으로 모습을 드러내기 때문에 환상의 대륙이라고 불린다. 앞바다의 스노클링 포인트로 가려면 투어에 참가해야 한다. 나는 야비지 전문 카르트 마린의 오쿠히라 켄토 씨에게 부탁했다.

아침 9시 반, 이케마 섬에서 배를 타고 20분 정도 북쪽으로 향한다. 구름 한 점 없는 파란 하늘에 360도 돌아봐도 주위가 모두 푸른 미야코. 배 엔진 소리만이 울려 퍼진다. "자, 도착했습니다!" 오쿠히라 씨의 신호를 받고 바다에 입수하자 그곳은 산호 꽃밭이었다. 바다 밑에는 테이블 산호와 가지 산호, 노란색과 자주색, 파란색 등, 색도 종류도 다양한 산호가 빈틈없이 들어차 있다. 해면에서는 태양 빛이 후광처럼 내리쬐어서 멀리 건너편 해저 지형까지 보인다. 줄무늬의 임페리얼 엔젤이나, 까만 바탕에 하얀 물방울 모양을 한 광대쥐치 등 "왜 이런 모양이지?"라고 묻고 싶은 물고기의 의상은 흡사 무도회를 방불하게 한다. 꿈속에서 헤엄치다 보면 한두 시간은 훌쩍 지나간다.

점심은 야비지를 한눈에 바라볼 수 있는 선상에서 먹는다. 오쿠히라 씨가 "여기는 옛날부터 지역 어부들이 '인누바리 바다의 밭'라고 부르던 물고기의 보물창고랍니다"라고 알려주었다. 야비지에는 어부들이 130여 개 이상의 이름을 붙였다. 비늘돔이 잘 잡히니 '이라우츠 비늘돔', 손 쉴 틈이 없을 만큼 많이 잡히니 '티가캬' 등, 이름을 붙인 어부의 유머 감각에 나도 모르게 웃음이 난다.

식사를 마친 후에는 선상에서 볕을 쬔다. 일광욕하듯 몸을 누이자 몸의 안과 밖이 태양의 빛으로 살균되는 기분이다. 오후에도 바다의 낙원을 잔뜩 즐기고 나니 돌아갈 무렵에는 이미 녹초가 되었다. 육지에서 바쁘게 생활하는 지금 이 순간에도 그때의 줄무늬 물고기는 산호 꽃밭을 헤엄치고 있겠지, 라고 생각하니 어깨 힘이 죽 빠지고 마음이 평온해진다.

1 유유히 바다를 헤엄치는 바다거북 2 산호 꽃밭을 돌아다니는 화려한 노란색의 산호 독가시치 3 점심시간에는 아이들이 바다로 "하나, 둘, 셋, 점프!"

BEACH ※

스나야마 해변
砂山ビーチ
SUNAYAMA BEACH

영화처럼 아름다운 자연 예술
폭신폭신한 해변을 맨발로 걸어보자

2

    아치 모양 바위가 인상적인 스나야마 모래산 해변은 시가지에서 차로 15분 정도 거리에 있다. 가볍게 들릴 수 있는 곳이지만, 자연의 조형미를 만나기 위해서라면 사실 약간의 노력이 필요하다.
    주차장에서 해변을 향해 걷다보면 포슬포슬한 모래로 만들어진 살짝 높은 언덕이 나타난다. 모래에 발이 빠질 것만 같지만, 포기하지 않고 끝까지 올라가자. 숨차하며 끝까지 오르면 그곳이 스나야마의 정상이다! 아래로는 눈부시게 빛나는 에메랄드빛 바다와 새하얀 모래사장이 펼쳐진다. 모래사장 왼쪽에 있는 아치 모양 융기산호 바위는 오랜 세월에 걸쳐서 바닷바람의 힘으로 조각된 자연 예술이다.
    이 해변은 부디 맨발로 걸어보길 바란다. 입자가 고운 파우더와도 같은 모래 위는 그야말로 폭신폭신하다. 기분 좋은 자극은 최고의 발 마사지이기도 하다.
    단, 이른 아침이나 해 질 무렵에 방문할 것을 추천한다. 마치 영화처럼 아니, 그 이상의? 아름다운 장면을 볼 수 있다.

스나야마 해변

ACCESS	미야코 공항에서 차로 30분 P138 MAP-G 해변
ADD	미야코지마 시 히라라 니카도리 705 宮古島市平良荷川取705
TEL	0980-73-2690 (미야코지마 시 관광상공국)

1 영화의 한 장면처럼 아름다운 천연 아치. 붕괴 위험이 있어서 천장 부분을 철망으로 보호하고 있다. **2** 아치 모양 바위에서 바라보는 석양은 마음이 정화될 만큼 아름답다.

1

1 말미잘에 서식하는 흰동가리와 산호 주변을 헤엄치는 파랑돔. 흰동가리는 다가가면 경계하므로 겁주지 않게 조심하자. 2 해수욕객으로 복잡한 아라구스쿠 해안. 그늘이 없으니 파라솔을 빌리는 것이 좋다. 해양 스포츠 관련 상품 대여점도 있다.

BEACH

아라구스쿠 해안
新城海岸
ARAGUSUKUKAIGAN

산호 숲이 펼쳐지는 야트막한 바다
형형색색 열대어를 만나다

    초보자도 안심하고 스노클링을 즐길 수 있는 아라구스쿠 해안. 다른 해변에 비해서 사람이 적고, 상인도 친절한 지역 해변이다.
    해변에서 100m 앞의 바다까지 암초가 펼쳐진 야트막한 바다라서 암초 내의 얕은 여울은 언제나 평온하고 열대어가 많다. 처음 방문했을 때는 간이음식점과 투어 회사 직원들에게 수중 포인트를 물어보자. "이 주변에 흰동가리 집이 있으니까 찾아보세요.", "저쪽 바위 앞 산호에 열대어가 많이 모여요"라며 친절하게 알려준다.
    스트레칭 후 바다로 입수. 물속으로 들어가자 그곳은 유비에다 산호와 하마산호 숲이었다. 자리돔과 나비고기, 놀래기, 독가시치가 획획 헤엄치는 모습을 보면 바다의 즐거움에 눈을 뜨게 된다.
    헤엄친 후에는 간이음식점에서 휴식을 취한다. 미야코 소고기 카레나 오키나와 소바를 먹자. 근처에서 놀고 있는 아이들의 웃음소리와 파도소리는 지친 당신의 귀에 힐링이 될 것이다.

아라구스쿠 해안
ACCESS   미야코 공항에서 차로 30분
            P139 MAP-G 해변
ADD   미야코지마 시 구스쿠베 아라구스쿠
            宮古島市城辺新城
TEL   0980-73-2690
            (미야코지마 시 관광상공국)

2

민박 개업과 동시에 심은 22년 된 부겐빌레아 문 앞에서. 창업자 치오 씨와 아들인 2대 주인 켄 씨.

STAY 🏠

농가 민박 쓰카야마장
農家民宿　津嘉山荘
NŌKA MINSHUKU TSUKAYAMASŌ

먹고 웃고, 울고 웃는
몸도 마음도 영양만점

농가 민박 쓰카야마장
ACCESS   미야코 공항에서 차로 20분
         P138 MAP-G 숙소
ADD   미야코지마 시 시모지 요나하 149
         宮古島市下地与那覇149
TEL   0980-76-2435
RATES   1박 2식 포함 ¥6,000(세금 포함)
HP   www2.miyako-ma.jp/
         tukayama

※ 섬 두부 만들기 체험, 사탕수수 베기 체험, 날치 잡이 체험 등 섬 생활을 체험할 수 있는 코스 '섬 사람 체험'은 사전에 전화 상담이 필요하다.

1

2

MIYAKOJIMA 101

민박에서 차로 3분, 쓰가야마 치요 씨가 태어난 고향 구리마 섬이 보이는 요나하마에하마 해변.
섬 두부에 사용하는 해수는 하루 중 공기와 물이 가장 맑다고 하는 새벽 2시부터 2시 반 사이에 남편이 뜨러 간다고 한다.

"아하하, 아하하~!" 사탕수수밭으로 둘러싸인 농가 민박 쓰카야마장에서는 항상 웃음소리가 드높이 울려 퍼진다. 소리의 주인공은 이곳의 명물 주인 쓰가야마 치요 씨다. 요리할 때도 밭에 있을 때도 바다에 나가도, 치요 씨는 사소한 일로도 크게 웃는다. 처음에는 그 큰 웃음소리에 놀라지만 함께 있으면 어느새 옮아서 똑같이 큰 소리로 웃는 나를 발견하게 된다. 역시 웃음의 힘이란 대단하다.

농가 민박 쓰카야마장은 직접 기른 섬 채소를 사용한 식사가 호사스럽기로 유명하다. 홀에는 "맛있었어요!", "치요 씨, 최고예요!", "결혼해주세요!" 등 손님이 남긴 방명록과 팬레터가 한쪽 벽에 장식되어 있다.

치요 씨가 고안하고, 지금은 2대 주인인 아들 부부가 만드는 저녁은 라후테 삼겹살, 나베라 수세미 볶음, 미미가 돼지 귀 된장 무침, 자색 고구마 된장 소스 꼬치구이, 생알로에 회 등 10개의 작은 접시가 테이블 위에 주르륵 늘어선 광경은 압권이다. 라후테는 반짝반짝 빛이 나고, 입안에서 살살 녹을 만큼 부드럽다. 섬단호박튀김은 따끈하니 달콤하고, 수세미는 미끈미끈한 식감 속에 밭의 영양이 꽉 채워진 깊은 맛을 낸다.

이곳의 식사에는 신비한 힘이 있다고 한다. 마음의 병으로 파랗게 질린 얼굴빛의 사람이 밥을 먹다 보니 안색이 밝아지기도 하고, 심각한 피부 트러블로 고민하던 사람이 증상이 호전되어서 선을 보고 돌아가기도 했다고 한다. 쓰카야마장에서 인생을 구원받은 손님은 셀 수 없을 만큼 많다. 손님과 끈끈한 연으로 이어져 있다. 태풍이 미야코 섬을 적격했을 때는 전국 각지에서 팬들이 '치요짱 기금'을 모아서 농가 민박 쓰카야마장을 위기에서 구해주기도 했다.

1 아침 식사도 굉장히 호화롭다. 동아 조림, 여주 샐러드, 한다마 무침 등. 2 섬 두부 만들기 체험. 대두를 짜서 두유를 만드는 중이다. "두유를 끓이면 유바라고 부르는 막이 생기는데, 이때 바닷물을 넣고 두부가 끓어오르는 순간은 말이야, 정말 마법 같지. 바닷물로 만든 두부는 정말 맛있다오."

어느 날의 아침 식사. 라후테, 알로에 회, 섬 채소튀김, 지마미(땅콩) 두부, 여주 볶음, 자색 고구마 페이스트, 씀바귀 가다랑어 무침, 밥, 된장국 등 전부 다 맛있어서 감격!

"내가 힘든 일을 많이 겪어서 마음이 지친 사람들이 와도 치유해줄 수 있는 건지도 모르지." 지금은 요리와 웃음으로 모두에게 활력을 충전해주는 치요 씨지만, 그의 인생도 파란만장했다.

구리마 섬에서 태어나 6살 때 어머니를 잃었다. 가정부로 일하면서 야학을 졸업하고 나하로 나왔지만 27세에 암이 발병했다. 이때 '내 환경을 모조리 바꾸겠다'고 결심하고 채소 중심인 식생활로 바꾸었다고 한다. 그리고 30대에는 남편 회사가 도산해서 세 아이를 안고 길에 버려진 고철을 주어 생활하는 힘든 시기도 있었다. "깜깜한 방에서 가만히 있으면 우울해진다우. 채소가 하나 있으면 이걸로 뭘 만들 수 있을지 생각하는 게 즐겁고, 먹는 사람의 얼굴을 상상하면 더 즐겁고. 나 자신을 최대한으로 활용할 방법은 요리뿐이었고, 부엌은 내게 최고의 무대였어. 그럼, 내가 사실은 여배우라니까~아하하하~!"라며 고생담도 결국 웃음으로 바뀌고 만다.

제2의 인생이 꽃이 핀 건 50세를 넘겨 미야코 섬으로 왔을 때부터다. 민박을 열자 가정요리가 맛있다고 소문이 났고, 눈 깜짝할 사이에 인기 민박집이 되었다. 그리고 민박의 식사메뉴로 외딴섬 행사나 전국 음식 경연대회에서 여러 번 수상했으며, 미야코 섬 슬로우 푸드 협회를 세우고, 아이들을 위한 두부 교실을 열기도 했다.

사람은 고생한 만큼 강해지고 상냥해진다는 사실을 웃으면서 알려준 치요 씨. 요즘에는 동네 친구들과 극단을 만들었다고 한다. "이름은 말이지, 소복극단. 웃으면 복이 오잖아~, 잘 지었지? 아하하, 아하하, 아하하하~"

MIYAKOJIMA 103

손님들이 모여 앉아 식사하는 홀. 할머니 댁처럼 차분한 분위기다. 며느리인 유코 씨도 치요 씨만큼이나 밝고 쾌활하다. 두 여성의 힘으로 홀은 항상 북적북적하다.

3 홀에 장식된 흑백 가족사진. "노력만 한다면 언젠가 틀림없이 꽃이 핀다"는 아버지의 말씀이 치요 씨를 지탱해주었다고 한다. 4 고기 된장과 라후테, 흑당에 절인 마늘 등 가공품도 만든다. 5 마치 개그 콤비처럼 부부간에 즐겁게 요리하는 켄 씨와 유코 씨.

수양벚나무처럼 보이는 멋진 꽃이 흐드러지게 핀 부겐빌레아 화원. 그밖에도 망고 농원, 히비스커스 화원, 트로피컬 농원, 스타후르츠 농원이 있다.

SWEETS

유토피아 팜 미야코지마
ユートピアファーム宮古島
UTOPIAFARM MIYAKOJIMA

부겐빌레아 마니아가 만드는
꽃으로 둘러싸인 망고 농원

유토피아 팜 미야코지마
ACCESS	미야코 공항에서 차로 15분　P139 MAP-G　`디저트`
ADD	미야코지마 시 우에노 미야쿠니 1714-2
	宮古島市上野宮国1714-2
TEL	0980-76-2949
RATES	15세 이상 ¥280 ※ 요금은 모두 세금 포함
OPEN	9:30～18:00(9～3월은 ～17:00)

※ 원내 견학은 폐원 30분 전까지
HP　　www.utopia-farm.net

망고를 목적으로 찾는 이가 많은 유토피아 팜 미야코지마를 방문하면 좋은 의미에서 기대를 배신한다. 물론 망고는 맛있지만, 그 이상으로 오키나와에서는 흔하디흔한 부겐빌레아가 무척 아름답기에 "어, 이렇게 예쁘게 피는 거였어?"하고 압도된다. 그도 그럴 것이 이곳은 앉으나 서나 부겐빌레아만 생각하는 마니아 가미지 노보루 씨가 30년간 품었던 꿈을 이룬 비밀의 화원이다. 미야코 섬 농림고등학교 재학 중 처음 만난 순간 사랑에 빠져 '부겐빌레아로 둘러싸인 공간을 만들고 싶다'고 줄곧 생각하다가 51세에 꿈을 이루었다.

"부겐의 매력은 화려한 색을 자랑하는 것도 있지만 '마요이'처럼 분홍색인지 흰색인지 알 수 없는 색도 있고, 아무튼 품종이 무척 많다는 겁니다. 부겐은 팀플레이죠. 한 번에 확 피는 호쾌함이 정말 아주 좋습니다"라고 생생하게 이야기를 들려주는 가미지 씨의 눈동자는 마치 소년처럼 순수하다.

20년 동안 계속해온 망고 재배가 본업으로 농원 내 망고농원 네 곳에서는 초여름에는 나무가 휠 정도로 열리는 망고를 볼 수 있으며, 매점에서는 파격적인 가격으로 망고를 판매한다. 농가에서 관광농원으로 변신한 이유는 "맛있다"며 먹는 손님의 얼굴을 직접 볼 수 있기 때문이라고 한다. 여름이 아니라도 망고를 먹을 수 있게 냉동기술에 힘쏟는 등 손님의 목소리를 귀담아듣고 성장해왔다.

"농업을 사랑합니다. 새벽 4시 반부터 작업을 시작하지만 그래도 아주 좋습니다. 밤에 파자마 차림새로 여기 와서 '아, 진짜 좋다'라며 꽃을 구경합니다. 이 시간이 가장 행복합니다." 무척 농후한 맛의 망고 아이스크림을 먹으면서, 자기가 좋아하는 일을 깨닫고 목표를 향해 매진하는 인생이 참 멋지다는 생각에 마음이 따뜻해진다.

1 농업 외길을 걸어온 가미지 씨(를 지지하는 사모님도 대단하다!) "1,500엔만 있으면 한동안 망고는 쳐다보고 싶지 않을 정도로 먹을 수 있죠!" 2 과일 코너에서 먹을 수 있는 망고 아이스크림(S) ¥430. 콘은 전통 레시피로 직접 굽는다. 3 오키나와 재래종인 소형 섬 바나나. 진한 단맛과 향, 쫀쫀한 식감이 절묘해서 팬이 많다. 시장에 잘 나오지 않는 고급 과일이라고 한다.

1

부들부들 부드럽게 삶아낸 소키(돼지 갈비) 소바 ¥700.
유코 씨 할머니의 레시피로 만드는 쥬시 ¥120도 맛있다.

FOOD

고쟈소바 가게
古謝そば屋
KOJASOBAYA

섬을 벗어나면 그리워지는
옛 고장의 맛, 미야코 소바

고쟈소바야
ACCESS   미야코 공항에서 차로 15분
         P138 Map-G 오키나와 소바
ADD   미야코지마 시 히라라 시모자토 1517-1
         宮古島市平良下里1517-1
TEL   0980-72-8304
OPEN   11:00~20:00(첫째, 셋째 주 수요일 정기 휴무)
HP   kojasoba.com
※ 가격은 모두 세금 포함

"소바죠구! 오키나와 소바가 정말 좋아"라는 말이 따로 있을 정도로 오키나와 사람들에게 사랑받는 오키나와 소바. 소바 가게에서는 평일 점심시간에는 직장인, 주말 저녁시간에는 아이와 함께 온 가족이 사이좋게 소바를 먹는 풍경을 일상적으로 볼 수 있다.

오키나와 소바는 오키나와 사람들의 소울 푸드라고도 할 수 있다. 소바라는 이름이 붙어 있지만, 일본 소바와는 다르게 면은 메밀가루가 아닌 밀가루만을 사용하고, 견수와 가쥬마루 나무를 태워서 만든 잿물 등을 더해서 뽑는다. 국물은 주로 돼지 뼈, 다시마, 다랑어 등 깔끔한 일본식 육수를 사용한다. 오키나와 본섬에서는 향신료와 파, 고레구스 섬 고추를 아와모리 술에 재운 것 에 야에야마 지방에서는 피파치 섬 후추 를 넣어서 먹는 것이 특징이다.

일찍이 미야코 섬에서는 돼지고기와 어묵 등의 재료를 면 속에 숨겨 넣는 풍습이 있었다. 지금은 찾아보기 힘들지만 '고기는 사치스러우니 숨겨뒀다', '면의 양을 많아 보이게 하려고', '먹다가 나중에 고기가 나오는 게 더 좋아서' 등 다양한 이유가 있다고 한다.

1910년대, 미야코 섬에서 처음 오키나와 소바 가게를 시작한 사람이 고쟈소바 가게의 여주인 고쟈 유코 씨의 할아버지라고 한다. 가게 바로 옆에는 고쟈 제면소가 있으며 슈퍼나 식당 등 오키나와 이곳저곳에 면을 공급하고 있다. 미야코 사람에게 물어보니 "미야코 소바라고 하면 고쟈소바죠"라고 입을 모은다. 섬을 벗어나면 그리워지는 고향의 맛을 상징한다.

고쟈소바 가게는 제면소 직영으로 막 뽑아낸 국수를 사용한다. 미야코 소바와 콜라겐이 듬뿍 든 족발 소바, 영양 균형이 잡힌 채소 소바 등 메뉴 종류도 다양하다. 세트 메뉴는 쥬시 볶음밥 와 오늘의 반찬, 모즈쿠 해초 , 음료 포함 750엔. 여자 혼자서도 들어가기 편한 청결한 분위기가 가득한 가게 안에서 미야코의 맛을 느긋이 즐겨보자.

1 길가에 있는 빨간 기와지붕의 가게. 히라라니시자토에는 창업주가 세운 고쟈소바 본점이 있다.
2 나무 온기로 가득한 가게 내부. 테이블석과 일반 좌석이 있다.
3 싱그러운 녹음이 아름다운 카운터 자리. 메뉴는 미야코 소바(소) ¥500 등. 작은 사이즈도 있다.

찐쌀에 검은 누룩곰팡이를 섞어서 효모실에서 하룻밤 재운다. 그 사이에도 장인의 손으로 직접 휘저어 섞어주거나, 온도 관리를 철저히 해야 한다. 벽 한 면에 가득 붙은 검은 누룩곰팡이는 창업 약 80년 역사의 증거다.

AWAMORI

기쿠노쓰유 주조
菊之露酒造
KIKUNOTSUYUSHUZŌ

산호의 대지와 장인의 정열이
물처럼 부드러운 술을 만든다

기쿠노쓰유 주조

ACCESS	미야코 공항에서 차로 10분
	P138 MAP-G 아와모리
ADD	미야코지마 시 히라라 니시자토 290
	宮古島市平良西里290
TEL	0980-72-2669
OPEN	8:30~18:00(견학은 적은 인원만 가능, 예약 필요)
HP	www.kikunotsuyu.co.jp

섬에서 마시는 아와모리는 각별한 맛이다. 아와모리는 우선 향부터 즐긴다. 잔에 코를 가까이 대면 바닐라 같기도 하고 장미 같기도 한 달콤한 향이 감돈다. 한입 머금으면 물처럼 매끈하게 느껴진다. 목을 타고 넘어가서 위로 들어가면 훅하고 뜨거워진다.

아와모리는 14세기 후반 류큐 왕조시대에 동남아시아에서 류큐로 전해진 증류주가 원조라고 한다. 중국에서 온 책봉사를 대접하는 환대의 술로서, 중국과 일본에 바치는 현상주로서 정치적으로 중요한 역할을 담당했다. 현재 오키나와 현에는 48곳의 주조장이 있다. 주조장을 방문해서 술을 만드는 현장을 직접 보는 것도 여행의 즐거움이다.

미야코 섬을 대표하는 양조장 기쿠노쓰유 주조는 1928년 문을 열었다. 공장은 미야코 섬 시가지의 상점가 한쪽에 자리 잡고 있다. 시모지 가쓰 사장의 안내를 받아 안으로 들어가자, 100년 전으로 시간 여행을 온 것 같은 분위기다. 러닝셔츠 차림의 장인이 땀을 흘리면서 쌀을 찌고 효모를 섞고 있다. 탱크에서는 보글보글하고 효모가 발효되는 소리가 들려온다. 장내에 가득한 증기에 "다이즈! 다이즈! '굉장해 굉장해'라는 뜻의 오키나와 방언"라는 말을 저절로 내뱉으며 압도당한다. 시모지 씨는 "쌀 씻는 일부터 찌고, 효모 품질 관리, 증류, 모든 공정이 제대로 이루어지지 않으면 좋은 술을 빚을 수 없지요. 그러니 모두의 책임이 중요합니다"라며 갓 증류한 55도의 아와모리를 맛보게 해주셨다. 도수가 높은데 부드럽고 희미한 단맛이 감돈다. 산호초로 만들어진 미야코 섬의 센물은 아와모리를 만들기에 적합하다.

미야코 섬에는 건배사를 하고 잔을 돌리는 '오토리'라고 불리는 습관이 있다. 맛있는 아와모리를 나누어 마시며 듣는 건배사는 무척 재미있다! 단지 과음하지 않도록 부디 주의를….

1 기쿠노쓰유 30도 1800㎖ ¥1,386(뒤), 기쿠노쓰유 VIP 고슈 스탠더드 하프보틀 30도 300㎖ ¥518(앞). **2** 씻은 쌀을 찜기에 넣고 있다. **3** 갓 증류한 아와모리를 마시는 시모지 사장. "다 마신 후에 잔에 남은 향까지 즐길 수 있는 점이 아와모리의 매력이죠."

CHAPTER 3   MIYAKOSHOTŌ

CRAFTS

미야코지마 시 체험 공예촌
宮古島市体験工芸村
MIYAKOJIMASHI TAIKENN KŌGEIMURA

시사, 직물, 바구니 만들기
직접 만들면 추억도 두 배

미야코지마 시 체험 공예촌
ACCESS 미야코 공항에서 차로 10분 P139 MAP-G 공예
ADD 미야코지마 시 히라라 히가시나카소네조에 1166-286
宮古島市平良東仲宗根添1166-286
TEL 0980-73-4111
OPEN 10:00~18:00(비정기 휴무)
RATES 시사 만들기 ¥3,000~, 직물 체험 ¥2,000~,
바구니 만들기 ¥4,000~ ※ 요금은 전부 세금 포함
HP miyakotaiken.com

꼬리와 갈기 붙이는 방법이나 표정 만드는 방법 등 핵심을 선생님이 가르쳐주니 초보도 만들 수 있다.

기념품으로 민예품을 사는 것도 좋지만, 직접 만들면 특별한 추억을 담을 수 있다. 미야코지마 시 체험 공예촌에는 시사 만들기나 미야코 직물, 민예 도구 만들기, 쪽 염색, 시마사바 섬 조리 만들기 등의 공방이 같은 곳에 모여 있어서 직접 만들어 볼 수 있다.

마침 시사 도방에서 시사 만들기에 열중인 사람들을 발견했다. 오사카에서 온 간호학교 동기 삼인방. "2시간 동안 줄곧 묵묵히 만들었어요. 셋이서 같이 있는데 한마디도 하지 않았어요. 마음을 비우고 만드는 게 재밌어요"라며 초보라고는 믿기지 않을 법한 결과물에 세 명 모두 만족한 듯하다. 흔히 시사는 만드는 사람의 얼굴을 닮는다고 하는데 어쩐지 그런 것 같다.

탁탁 소리가 들려오는 곳은 직물 공방. 파란색과 분홍색, 녹색 등 마음에 드는 색상의 모시실로 코스터나 매트, 스트랩 등을 짤 수 있다. 직물 체험을 한 신혼부부는 "직물 위에 미야코 섬에서 주운 조개껍데기를 얹어서 방에 장식해두고 싶네요"라고 소중하게 들고 돌아갔다.

이곳에서 내가 체험한 것은 미야코 섬에 자생하는 식물 '띠 치가야'를 사용한 큰 바구니 만들기다. "띠에는 건조 효과도 있어서요, 옛날에는 바구니 안에 감자나 파파야, 사타안다기를 넣어서 보관했었죠. 생활에 필요한 물건은 뭐든지 직접 만들어서 썼으니까요"라고 선생님이 들려주는 흥미진진한 이야기와 함께 4시간 정도 만들었지만 결국 완성하지 못하고 끝났다. 하지만 만드는 방법을 확실히 기억해두었기에 재료를 가져와서 집에서 홀로 만들었다. 멋진 바구니를 완성해서 바느질 도구함으로 사용하고 있다.

섬 문화를 체험하며 세상에 단 하나뿐인 작품을 만들 수 있는 공예촌. 자, 당신은 무엇을 만들고 싶은가?

1 열대 식물원. 운동장과 가까우며 녹음으로 둘러싸인 원내. 1,600종 4,000그루의 나무가 자라고 있어서 사계절 내내 꽃이 핀다. 2 미야코 직물을 배울 수 있는 직물 공방. 미야코 상포로 만든 태피스트리나 잡화 등 프로가 만든 작품과 책도 충실한 편이다. 3 바구니 만들기를 가르쳐준 스나가와 리에 씨. 띠 말고도 월도나 참억새 등 자생 식물을 사용해서 바구니와 부채, 빗자루 등을 만든다.

112　CHAPTER 3　MIYAKOSHOTŌ

(왼쪽부터) 산호와 터키옥 목걸이 ¥13,800, 팔찌 ¥7,400, 산호 귀고리 ¥2,500, 터키옥과 앤티크 비즈로 만든 목걸이 ¥9,600, 팔찌 ¥7,600

Red Coral Bracelet

Turquoise Bracelet

산호 귀고리 ¥2,500~. 상품 대부분이 적당한 가격대라서 부담스럽지 않고 고르는 시간도 즐겁다.

1 유목이나 식물, 야광패, 상어 이빨 등 바닷속이나 해변과 관련된 물건을 장식해두었다. 2 가게 안쪽 공방에서 액세서리를 만드는 민부 씨. 미야코 섬으로 여행을 왔다가 해변에서 주운 조개껍데기로 목걸이를 만들자, 같은 숙소에 머물던 사람들이 사겠다고 한 것이 계기였다. 3 큰길에서 가게 쪽으로 난 진입로에는 나무가 많아서 비일상적인 공간으로 향하는 느낌이다.

CRAFTS

SALVAGE
살베이지
サルベージ

선원이나 여성에게 부적처럼
각지로 전해지는 산호 이야기

SALVAGE
ACCESS 미야코 공항에서 차로 15분
P138 MAP-G 유료인
ADD   미야코지마 시 히라라 니시자토 505-28
宮古島市平良西里505-28
TEL   0980-73-3390
OPEN   11:00~19:00(1, 2월은 16:00~, 비정기 휴무)
HP   ameblo.jp.salvagemiyako

북적거리는 큰길에서 좁은 골목을 하나 빠져나오면 담쟁이덩굴로 뒤덮인 오래된 민가가 나온다. 가게 이름은 영어로 '해저에서 침몰선과 보물선을 인양한다'는 의미의 SALVAGE로 주인 민부 마사노리 씨가 2년에 걸쳐서 직접 가게를 만들었다. 벽에는 열대어가 헤엄치는 영상이 비치고, 조개와 부표 등이 장식된 공간은 마치 바다 밑을 지나가는 잠수함의 작은 방 같다. 유목으로 만든 선반 위에 장식된 액세서리는 부드러운 분위기의 분홍 산호 귀고리와 토속적인 부채 뿔 산호 목걸이 등, 의외성과 절묘한 색채가 어우러지는 디자인이다.

산호의 매력은 그저 예쁘기만 한 것이 아니라 온 세상의 다양한 이야기가 담겨 있기 때문이다. 가령, 바다를 안전하게 건너고 폭풍을 잠잠하게 만드는 힘이 있다고 해서 선원들 사이에서 부적처럼 여겨져 항상 몸에 지닌다고 한다. 그리고 마음을 진정시키고 부를 가져다준다고도 하고, 말이 비슷해서 산후 여성들에게도 부적처럼 사용된다고 한다. 나도 사실 출산 전에 섬의 여성에게 부적 대신이라며 산호 목걸이를 받은 적이 있다. 산호를 몸에 걸친다는 것은 섬사람들에게는 마음의 지주와 같다.

액세서리를 고객에게 건넬 때, 민부 씨는 항상 "딸을 시집보내는 아버지 같은 기분이다"라고 말한다. 바다 도감을 보여주며 산호와 조개의 거주 환경과 손질법을 세심하게 알려준다.

붉은 산호, 푸른 산호, 백접패, 햇빛방석고둥, 코코넛⋯. 개성 넘치는 바다 생물과 해변 식물을 자세히 설명하는 민부 씨는 바다를 사랑하는 해양학자 같다. 바다 밑에 잠든 보물을 재조명해 오래오래 사랑받는 액세서리를 세상으로 내보낸다.

ONSEN

미야코지마 온천
宮古島温泉
MIYAKOJIMAONSEN

불효자였던 의사가 만든
할머니들의 휴식처

미야코지마 온천

ACCESS	미야코 공항에서 차로 20분 P139 MAP-G 온천
ADD	미야코지마 시 히가시나카소네 1898-19 宮古島市平良東仲宗根1898-19
TEL	0980-75-5151
OPEN	11:00~22:00(최종 입장 21:00, 매월 세 번째 수요일 정기 휴무)
ADMISSION	성인 ¥900(70세 이상 ¥600), 어린이 ¥350
HP	miyakojima-onsen.co.jp

※ 요금은 모두 세금 포함

1층 대목욕탕. 원래 더운 지역이라서 탕 온도는 40~41℃로 보통 온도보다 약간 미지근하다. 탕의 수도는 오키나와답게 시사 모양이다.

1 편백과 암반으로 만든 욕탕이 있는 2층 가족탕. 19:00 시 까지 예약제. 2 온천 후에는 지역에서 만든 우유를 단숨에 들이켠다. 3 공항에서 무척 가까운 미야코지마 온천. 병원 및 호텔, 술집, 코인 세탁소 등도 있다. 호텔 숙박 손님은 입장 무료

미야코 섬의 해수욕 코스에 미야코지마 온천도 넣어보자. 바다에서 나와 온천에서 땀을 씻으면 정말 상쾌하다. 지하 1,500m에서 끌어올린 온천은 45℃ 원천 100%를 사용한다. 약알칼리성으로 염분이 높은 탁한 물이다. 피부병과 류머티즘, 신경통과 근육통, 손발이 찬 사람에게 효과가 있다고 한다. 효과도 중요하지만, 이곳의 최대 장점은 지역 밀착형이라는 점이다. 섬 할머니들과 함께 탕에 들어가서 잡담을 나누는 즐거움을 맛볼 수 있는데, "어디서 왔어? 어디 묵을 거야?", "그럼 이 식당에 가봐, 거기 할머니가 말이야, 젊을 때~" 라는 식으로 이야기꽃을 피우는 일도 종종 일어난다. 어차피 서로 알몸이라서 쉽게 벽이 허물어지고 친해지는 것이다.

이 온천은 인접한 미야코 섬 온천 요양병원의 오쿠하라 노리카즈 원장이 "어머니를 몸에 좋은 온천으로 모시고 싶다"는 마음으로 만들었다고 한다. 2006년 개관 당시에는 온천은 처음이라는 사람이 많아서 알몸으로 들어가는 걸 거리끼는 경우가 많았다고 한다. "처음엔 다들 꺼렸지만, 막상 들어가 보니 기분이 좋아서 온천에 눈을 뜬 거지. 지금은 한 달에 몇 번이고 다닌다니까"라고 할머니들은 이야기한다.

1층 대목욕탕에는 제트 스파, 사우나실, 노천온천이 있고 2층에는 편백욕탕과 암반욕탕 등 예약제로 운영하는 개별 가족탕 8곳이 있다. 육상선수들의 합숙부터 동네 초등학교 견학 등으로 이용된다고 한다. '꺅꺅' 소리치며 아이들이 온천에 들어가는 모습은 보기만 해도 마음이 흐뭇해진다.

온천욕을 마치고 밖으로 나오면 부드러운 바람이 기분 좋게 불어와 몸도 마음도 깨끗해진 느낌이다. 한번 가면 계속 찾게 되는 마성의 온천이다.

IKEMAJIMA & KURIMAJIMA
SPECTACULAR SCENERY

이케마 섬과 구리마 섬
池間島／来間島

두 개의 외딴섬으로 절경 드라이브

미야코 섬과의 사이에 다리가 놓여서 차로 건너갈 수 있는 이케마 섬과 구리마 섬. 빛나는 바다를 양쪽으로 보면서 다리를 빠져나가는 상쾌함이란 이루 말할 수 없다. 이케마 섬에는 작은 리조트 같은 분위기의 펜션, 구리마 섬에는 멋진 카페가 모여 있다. 부담 없는 절경 드라이브로 섬을 즐기자!

ACCESS P138 MAP-G
- 이케마 섬 : 미야코 섬 시가지에서 차로 40분 정도면 갈 수 있다. 섬은 차로 천천히 달려도 한 바퀴 도는데 20분 정도
- 구리마 섬 : 미야코 섬 시가지에서 차로 25분 정도로 갈 수 있다. 섬은 차로 천천히 달려도 한 바퀴 도는데 15분 정도

미야코 섬과 이케마 섬을 잇는 길이 1,425m의 이케마 대교. 다리 양쪽으로 바다 밑이 보일 정도로 투명한 바다가 펼쳐지고, 동쪽에는 오가미 섬이 보인다.

IKEMAJIMA 117

1 이키즈 해변에 있는 하트 모양의 '하트 바위'. 여름에 왔을 때는 석양이 진 후에도 붉고 푸른 선이 하늘로 퍼져서 환상적인 경관이었다. 2 밥집 스무바리의 채소와 문어 볶음을 올린 문어 덮밥 ¥780. 3 이케마 대교 동쪽으로 보이는 오가미 섬. 오가미 섬에는 신사가 많으며 지금도 섬에서는 신에게 올리는 제사가 면면히 이어지고 있다.

IKEMAJIMA
이케마 섬
池間島

**작은 리조트 이케마 섬에서
문어요리와 석양을 만끽하자**

　미야코 섬 시가지에서 이케마 섬으로 간다면 점심은 반드시 '밥집 스무바리'에서 먹자. 1992년 이케마 대교 개통과 함께 문을 연 이곳은 이케마 대교 가기 전에 있다. 언뜻 봐서는 평범한 식당처럼 보이지만 이 지역의 신선한 문어를 사용한 요리가 눈이 휘둥그레질 만큼 달콤하고 맛있다. 탱글탱글 탄력이 넘치는 문어를 씹으면 입속 가득 문어의 참맛이 확 퍼지며, 담백한 맛이라는 이미지가 강했던 문어의 인상이 단숨에 바뀐다. 디저트는 근처 '유키시오 제염소'에서 소프트아이스크림 한 입. 이제 이케마 섬으로 가자.

　섬 서해안에는 지중해를 떠오르게 하는 펜션이 줄지어 있다. 섬 북단에는 통칭 '하트 바위'가 있다. 석양을 바라보기에 절호의 장소로 알려졌으며, 계절과 날씨, 간만의 차 등에 따라서 그리고 보는 이의 심정에 따라서도 석양과 바위가 달리 보인다고 한다. 시간을 개의치 않고 석양을 즐기기 위해서라도 이케마 섬이나 미야코 섬 주변에서의 숙박을 추천한다.

하트 바위
ACCESS　미야코 공항에서 차로 45분
　　　　　P138 MAP-G 경치
ADD　　　미야코지마 시 히라라 마에자토
　　　　　宮古島市平良前里
TEL　　　 0980-73-2690
　　　　　(미야코지마 시 관광상공과)

밥집 스무바리
ACCESS　미야코 공항에서 차로 35분
　　　　　P138 MAP-G 식사
ADD　　　미야코지마 시 히라라 가리마타 768-4
　　　　　宮古島市平良狩俣768-4
TEL　　　 0980-72-5813
OPEN　　 11:00~18:00경(겨울철~17:00)
HP　　　　www.sumbari.com

KURIMAJIMA
구리마 섬
来間島

천천히~ 천천히~
디저트 천국 구리마 섬

동양에서 가장 아름답다는 요나하마에하마 해변을 바라보며 구리마 대교를 건너면 화려한 티셔츠가 기분 좋게 바람에 날리는 카페 얏카얏카가 보인다. 주인 단나 씨는 디자이너를 겸하고 있어서 카페 테마는 '농사와 디자인'이라고 한다. 개방적인 테라스, 지역 생산물을 사용해서 만든 요리, 디저트가 섬의 자연 속에 녹아 있어서 한숨 돌리기에 딱 좋은 곳이다.

촌락으로 좀 더 들어가면 '낙원의 과실'이 나오는데 이곳은 지역 망고 농가 직영 카페다. 과일을 듬뿍 올린 특대 파르페가 가장 인기다. 근처에는 스무디 가게와 헌책방, 잡화점 등도 있다. 무스 눈 해변과 다코시타 해변, 나가마 해변 등 외딴섬에서만 볼 수 있는 천연 해변도 매력적이다. 다리 위에서 바다를 내려다보며 카페에서 느긋하게 디저트를 먹는다. 이도 드라이브를 즐기는 방법은 "천천히~ 천천히~"에 있다. 서두르지 말고 섬의 바람을 즐기자.

얏카얏카
ACCESS 미야코 공항에서 차로 30분
P138 MAP-G 카페
ADD 미야코지마 시 시모지 구리마 126-3
宮古島市下地来間126-3
TEL 0980-74-7205
OPEN 11:30~18:00(목요일 정기 휴무)
HP cafe.miyakojimacity.jp

낙원의 과실
ACCESS 미야코 공항에서 차로 30분
P138 MAP-G 카페
ADD 미야코지마 시 시모지 구리마 259-2
宮古島市下地来間259-2
TEL 0980-76-2991
OPEN 10:00~18:30
※ 겨울철에는 변동 있음(비정기 휴무)

1 얏카얏카의 흑당 치즈케이크 ¥417와 주문을 받은 후 주인인 오시마 카오리 씨가 정성들여 콩을 갈아서 내리는 커피 ¥417. **2** 화려한 색감의 낙원의 과실 디저트. 완숙 망고를 넣은 파르페 ¥1,500과 용과 주스 ¥500

IRABUJIMA/ SHIMOJIJIMA

이라부 섬/시모지 섬

伊良部島／下地島

신비의 장소가 많은
외딴섬 중에서도 가장 강렬한 섬

신비의 동굴과 바다가 이어지는 연못 등 독특한 해안 지형을 가진 인접한 두 개의 섬. 사와다노하마와 도오리이케 등 석양 감상 포인트, 스노클링 장소, 신비의 장소로 가득하다. 동굴과 연못을 탐험하는 어드벤처 투어도 무궁무진하다. 온몸을 사용해 강렬한 체험을 즐기자.

--------------------- 🐠 SHIMA DATA ---------------------

- 인구 / 5,490명(이라부 섬), 40명(시모지 섬) (2014년 3월 현재)
- 면적 / 29.1㎢(이라부 섬), 9.54㎢(시모지 섬)
- 둘레 / 40.3㎞(이라부 섬), 32㎞(시모지 섬)
- 섬까지 가는 방법 / 미야코 섬의 히라라 항에서 이라부 섬·사라하마 항까지 고속선으로 12분
- 섬 내 교통수단 / 렌터카, 자전거 대여, 오토바이 대여, 버스
  ※ 미야코 섬에서 카페리를 이용해 차를 가져와 이동 수단으로 이용 가능
- 가게 / 요리점, 식당, 편의점, 상점 등이 있음

STAY ☖　CAFE ☕

soraniwa hotel & cafe
소라니와 호텔 앤드 카페
ソラニワ ホテル アンド カフェ

당신만의 하늘을 찾아서
통유리창이 달린 숙소와 카페

soraniwa hotel & cafe
ACCESS　사라하마 항에서 차로 10분
　　　　P138 MAP-H 카페
ADD　　미야코지마 시 이라부 이라부 721-1
　　　　宮古島市伊良部字伊良部721-1
TEL　　0980-74-5528
OPEN　 cafe 11:30~18:00
RATES　hotel 2인 1실 1인 요금 ¥9,259~
HP　　 soraniwa.org

카운터 자리는 가게 사람과 거리가
가까워 잡담으로 꽃이 핀다.
책장에 진열된 책은 도야마 씨가
학창시절부터 읽어온 애독서라고
한다.

1 미야코 소로 만든 함박 스테이크 정식 ¥1,200. 흑당 치즈 케이크와 푸딩도 맛있다. 2 파라솔이 펼쳐진 테라스 자리. 카페 내부 복층에도 자리가 있어서 1층과는 또 다른 경치를 즐길 수 있다. 3 파란 하늘에 하얀 건물. 실내의 벽은 류큐 회반죽을 발랐고, 바닥은 무광 앤티크 풍 마루를 깔았다.

여행지의 추억을 되돌아볼 때, 문득 올려다본 하늘이 가장 먼저 떠오른 경험이 있을 것이다. 사하라 사막의 별이 총총한 밤하늘이나 알래스카의 오로라처럼 지금까지 세계 각지의 다양한 하늘을 보며 감동받았다. 그중에서도 이라부 섬의 저녁노을은 그 아름다움에 놀라 자리에 멈춰 섰던 것을 바로 어제 일처럼 기억한다. soraniwa hotel&cafe의 주인 도야마 아츠시 씨도 전 세계를 여행했다고 한다. 그리고 이라부 섬의 자연에 반해서 '하늘'을 테마로 호텔과 카페를 만들었다.

네모난 흰색의 건물 soraniwa hotel&cafe는 사라하마 항에서 남쪽을 향해 나가야마 항을 지난 지점에서 보인다. 1층 문을 열자 한 면이 통유리로 된 창문 너머로 새파란 하늘이 펼쳐진다. 테라스에서는 파라솔이 기분 좋은 듯 바닷바람에 흔들리고 있다.

도야마 씨는 "여기서 보이는 건 가게 이름처럼 '하늘'과 '마당'뿐이죠? 제가 이 섬에 와서 가장 감명받은 점이 넓은 하늘의 아름다움이었어요. 하늘은 매일, 매 순간 표정이 변하니 나만의 하늘을 찾길 바랍니다"라고 이야기한다.

카페 메뉴는 이라부 섬과 미야코 섬에서 수확한 섬 채소와 생선, 고기를 사용한 '오늘의 정식'이 메인이다. 벽에 꽉 찬 책장에는 프로이트와 융 등의 심리학 서적부터 ≪매일 엄마≫처럼 친숙한 책까지 도야마 씨의 장서가 꽂혀 있다. "책을 통해서 손님과 대화를 나누고 싶다"는 도야마 씨. 투숙객은 2층 객실로 책을 들고 갈 수 있다. 객실은 3개로 모두 바다 전망이다. 옥상에는 하늘을 올려다볼 수 있도록 월 풀도 마련되어 있다.

뭉게뭉게 피어나는 소나기구름, 자줏빛 비늘구름, 온 하늘에 걸쳐진 은하수, 당신은 이곳에서 어떤 하늘을 만나게 될까?

STAY

비라후야
びらふやー
BIRAFUYA

상냥함이 가득한 숙소에서
입었을 때 기분 좋은 옷이 나를 감싼다

석양을 바라보기에 최고의 위치로 알려진 사와다 해변에서 걸어서 3분 정도의 거리에 게스트하우스와 상점을 운영하는 비라후야가 있다. 부겐빌레아 꽃으로 장식된 문을 열고 안으로 들어가면 여주인 도하시 후미 씨가 아름다운 미소로 맞아준다. 친절하게 맞아주는 후미 씨 덕분에 이곳에 묵으면 다른 손님들과 금방 친해진다. 첫 번째 만남에서는 다들 형제 같고, 두 번째부터는 친구나 친척 집에 들른 기분이 들기 때문이다.

구마모토 현 출신인 후미 씨와 고베 출신인 남편 라이타 씨가 만난 건 교토의 명상 교실이었다. 도를 찾던 젊은 두 사람이 바란 것은 마음이 평온해지는 숙소 만들기였다. 저렴한 숙소에 대한 기존 이미지와는 조금 다른 신사나 절에서 느낄 수 있는 조용한 분위기가 숙소 전체에 가득하다.

숙소 한쪽에는 가게도 있다. 후미 씨가 직접 만드는 유기농 허브 비누와 오리지널 리조트웨어를 판매한다. 디자인이 단순해서 팔을 넣으면 통풍이 잘되고 피부에 닿는 감촉도 무척 좋다. 유명한 여배우가 들렀을 때 원피스를 마음에 들어 해서 몇 벌이나 사 갔다고 한다.

입었을 때 기분 좋은 옷, 오래된 민가의 따뜻함, 해변에서 보는 석양, 몸에 좋은 저녁밥, 다른 사람들과 나누는 대화, 옥상에서 올려다보는 별똥별 등 비라후야의 매력은 헤아릴 수 없을 만큼 많다. 하지만 최고의 매력은 후미 씨가 빚어내는 모든 것을 감싸는 따뜻함이 아닐까 생각한다. 어째서 이 사람은 이다지도 상냥한 걸까? 이 물음에 대한 답은 후미 씨의 말 속에서 찾을 수 있었다. "이라부 바다를 보고 있으면 상냥한 마음이 들어요. 이 바다가 잊고 있었던 내 안의 상냥함을 깨닫게 해주는 거예요."

1

2

비라후야

ACCESS	사라하마 항에서 차로 15분 P138 Map H 숙소
ADD	미야코 섬 이라부 사와다 1436-1
	宮古島市伊良部佐和田1436-1
TEL	0980-78-3380
RATES	도미토리 ¥2,000, 독실 ¥3,000~
	주인이 직접 만든 저녁밥 ¥800
HP	www.birafuya.com

IRABUJIMA/SHIMOJIJIMA

1 빠져나가는 바람이 기분 좋은 휴게 공간으로 여기서 만나 결혼한 손님이 있을 정도로 큐피드의 공간이다. **2** 주인 도하시 라이타 씨와 후미 씨. "아이가 생긴 친구가 늘어나서 가족용 방도 만들었어요. 편히 쓰세요." **3** 후미 씨가 "섬 기후에 맞고, 기분 좋게 입을 수 있는 옷이 필요해서 만들었다"고 하는 원피스 ¥2,500~. **4** 후미 씨가 로즈메리와 월도로 만든 수제 비누 ¥600는 최고의 향이다. **5** 문 건너편에 있는 알록달록한 원피스와 티셔츠

1 환상적인 파란색에 휘덮인 모험은 클라이맥스로! 수중라이트를 대자 감청색 어둠 속에서 류큐어, 적투어, 닭새우 등이 보인다. 2 파랗게 보이는 이유는 태양광이 흰 모랫바닥에 반사되어서 파란색을 제외한 빛이 수중에 분산되기 때문이라고 한다. 과학적 근거가 있다고는 하지만 아무튼 신이 창조했다고밖에 생각할 수 없는 아름다움이다! 3 인어 전설이 남아 있는 도오리이케는 전 세계 다이버들의 선망의 대상이다. 지하 동굴이 바깥의 바다와 연결된다.

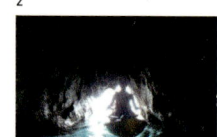

BEACH ※

아오노 동굴 · 나베조코 연못
青の洞窟 · 鍋底池
AO NO DŌKUTSU · NABEZOKOIKE

신비한 파란색으로 둘러싸인
궁극의 파워 스팟을 체험

IRABLUE TOURS
ACCESS 집합 장소는 사라하마 항 P138 MAP-H 스노클링
ADD 미야코지마 시 이라부 이라부 1396-2
　　　宮古島市伊良部伊良部1396-2
TEL 090-9653-3644
OPEN 일요일
RATES 아오노 동굴 스탠더드 투어 ¥9,800(세금 포함)
　　　윤회전생의 연못 투어(나베조코 연못)
　　　¥6,000(세금 포함, 겨울 한정)
HP www2.miyako-ma.jp/adanya

이라부 섬 · 시모지 섬에서의 스노클링은 말괄량이, 모험심 강한 아웃도어 걸들에게 추천한다. 독특한 지형을 가진 이라부 섬과 시모지 섬의 해안선에는 무수히 많은 동굴과 못이 존재한다. 그 중에 '푸른 동굴 아오노 동굴'과 '냄비 바다 연못 나베조코 연못'이라고 불리는 파워 스팟이 있다.

동굴 입구 부근까지 글래스 보트를 타고 가서 바다로 점프! 어른 한 명이 겨우 지나갈 수 있는 암혈을 빠져나와 동굴 속으로 들어간다. 눈앞이 새카맣게 변하고 동굴 깊은 곳에서는 해수를 내뿜는 소리가 들려온다. 불안감에 떨며 조금씩 앞으로 나아가다가 가이드의 신호로 뒤를 돌아보니 세상에 깜짝 놀랄 만큼 너무나 투명한 파란 세상이다!

나베조코 연못은 전 세계 다이버들이 동경하는 다이빙 장소이며 도오리이케는 더 안쪽이다. 종유석에 부딪히는 파도 소리가 아기가 엄마 뱃속에서 듣는 소리와 비슷하다는 이유로 산탕 갓난아이를 목욕시키는 물 에 비유되며, 섬에서는 종교적 의식을 치르는 성지이기도 하다. 동굴을 빠져나와 산탕에 몸을 담그는 투어는 모체로의 회귀하여 다시 태어나는 체험이라고 불린다. 궁극의 파워 스팟의 체험을 할 수 있는 나베조코 연못. 섬의 소중한 성지이므로 경의를 표하고 들어가자.

TARAMAJIMA
다라마 섬
多良間島

아름다운 바다의 외딴섬에 남은
오키나와의 원래 모습과 전통의 춤

미야코 섬과 이시가키 섬 사이에 덩그러니 떠 있는 외딴섬 중에서도 외딴섬. 바깥세상과 단절된 이 섬에서는 류큐 왕조 시대부터 있었던 행사 '하치가쓰 오도리'가 명맥을 이어가고 있다. 섬에는 '두브리'라고 불리는 바다로 이어지는 좁은 길이 많고, 옛날부터 전통을 깊이 남기는 독특한 세계관이 퍼져 있다.

──────── SHIMA DATA ────────

- 인구 / 1,264명(2014년 1월 현재)
- 면적 / 19.75㎢ • 둘레 / 19㎞
- 섬까지 가는 방법 / 미야코 공항에서 다라마 공항까지 RAC로 20분, 미야코 섬의 히라라 항에서 다라마 항까지 페리로 2시간
- 섬 내 교통수단 / 렌터카, 자전거 대여, 오토바이 대여
- 가게 / 편의점은 없음. 식당, 상점 등은 있음

FESTIVAL

하치가쓰 오도리
八月踊り
HACHIGATSU ODORI

남쪽 끝의 아름다운 마을에서
시간의 흐름을 여행한다

다라마손 마을사무소
ADD 다라마손 나카스지 99-2
多良間村仲筋99-2
TEL 0980-79-2260
HP www.vill.tarama.okinawa.jp

인구 약 1,300명의 작은 마을에 매년 약 500명 이상의 관광객과 연구자가 찾아오는 하치쓰 오도리. 오도리(무용)는 농경에서 따온 민속무용과 오키나와 본섬에서 전래하는 구미오도리(편성 무용) 2가지가 있다.

섬 해안선이 통째로 해변이라고 할 만큼 손대지 않은 자연이 남아 있는 다라마 섬. 2010년에는 '일본의 가장 아름다운 마을'에도 들었다. 해안선을 따라 드라이브하면 몇 번이고 눈에 띄는 것이 두브리라는 바다로 이어지는 좁은 길이다. 둘레 19km의 섬에 모두 43곳이나 있다. 다라마 마을 사무소의 기요무라 켄이치 씨는 "선조는 두브리로 다니며 바다에서 물고기나 해초, 조개껍데기를 채취해서 음식재료뿐만 아니라 도구로도 이용했습니다"라고 알려주었다. 두브리에는 그 길을 자주 사용하는 사람의 이름이나 별명이 붙어 있다고 한다.

촌락에는 아름다운 망고스틴 가로수가 늘어서 있다. 망고스틴 나무는 집을 태풍으로부터 지켜주며 동시에 건축자재나 염료로도 이용된다. 또한, 섬에서 자라는 500종이 넘는 식물 대부분은 약초로 사용된다고 한다. 기요무라 씨는 "'아름다운 마을'에 가입된 건 자연과 공생해온 선조의 지혜가 평가된 증거"라고 자랑스레 이야기한다.

섬에는 또 하나의 큰 자랑거리가 있다. 음력 8월 8일~10일까지, 3일 동안 개최되는 하치가쓰 오도리다. 류큐 왕조 시대에 무거운 세금을 부과받은 도민들이 완납을 축하하고 풍작을 기원하며 행한 것이 기원이다. 함께 기뻐하고, 서로 격려하는 과정에서 태어난 춤이 자녀를 거쳐 손자에게 이어져 국가 지정 중요 무형 민속 문화재가 되었다.

제사는 아침 10시부터 밤 21시까지로 오도리와 구미오도리, 교겐 등 24~26종목이 연이어 펼쳐진다. 이 시기는 섬 밖에서 많은 사람이 찾아오기에 객석은 남녀노소를 불문하고 사람으로 넘친다. 낮에는 도시락을 먹고 밤에는 아와모리를 마시며 혼신의 연기에 감동하여 눈시울이 젖는 일도 잦다. 대사 표현과 독특한 움직임이 특징적 교겐은 사투리를 몰라도 배를 잡고 웃을 수 있다.

그 옛날 섬사람들처럼 두브리를 통해 바다에서 놀고, 하치가쓰 오도리를 보고 왕조시대를 떠올리자. 일본 남쪽 끝의 아름다운 마을에서는 시간의 흐름을 여행하는 이상한 기분에 휩싸인다.

1 다라마 핀다(염소). 소와 염소가 많아서 무리 지어 이동하는 모습도 볼 수 있다. **2** 오키나와 명목백선에 뽑힌 미네마 신사의 비쇼우드. **3** 두브리를 빠져나가면 에메랄드그린의 바다가 펼쳐진다. 섬 주위는 바다거북과 돌고래, 쥐가오리가 헤엄치는 생물의 낙원이다. **4** 하치가쓰 오도리에서 의상과 화장, 소도구 일체를 담당하는 스태프의 모습. 작업 풍경도 자유로이 견학할 수 있어서 무용수들의 본모습도 엿볼 수 있다.

COLUMN
IV

– 드라이브하면서 듣고 싶은 시마우타(섬 노래) –

마음을 가사에 담아, 손자가 만든 '할머니'의 노래

오키나와 여행은 렌터카로 이동할 일이 많다. 드라이브에 빼놓을 수 없는 것이 바로 음악이다. 오키나와에는 섬마다 다양한 장르의 가수가 있다. 이리오모테 섬에는 기타를 한 손에 들고 섬의 자연과 섬사람들의 마음을 노래하는 이케다 스쿠루 씨, 이시가키 섬에는 야에야마 민요를 부르는 아라 유키토 씨와 개그맨 같은 키이야마 쇼텐, 미야코 섬에는 섬의 방언으로 감성적인 음악을 들려주는 시모지 이사무 씨가 있다. 섬마다 개성 넘치는 가수가 참 많다.

이리오모테 섬 후나우키에 사는 이케다 씨는 시마우타의 매력에 대해 이렇게 말한다. "시마우타에는 역사에 이름을 남기지 못한 서민의 마음을 표현했답니다. 그들이 마음속에 품고 있었던 메시지를 받아들여 주면 좋겠어요." 이케다 씨의 히트곡 〈할머니의 노래〉를 들으면 고향을 떠나 살아가는 손자의 다정함, 그런 손자를 생각하는 할머니의 애정이 아플 정도로 전해져온다.

할머니를 사랑하는 건 모든 섬의 공통점이기도 하다. 미야코 섬 방언으로 노래하는 시모지 씨는 할아버지가 돌아가시고 슬픔에 잠긴 할머니를 위해 〈할머니〉라는 노래를 만들었다. 포르투갈어처럼 들리는 미야코 사투리로 "할머니, 앞으로도 건강하게, 언제까지고 언제까지고 오래오래 살아주세요"라고 노래한다. 사투리를 몰라도 그 마음은 충분히 전달되어서 눈시울이 뜨거워진다.

고전 민요부터 모던 팝까지, 섬사람들의 마음을 울리는 시마우타. CD는 섬 내 서점이나 기념품 가게에서 판매하고 있으니 드라이브하기 전에 꼭 들려보길 바란다.

SHIMAUTA FOR DRIVING

이케다 스쿠루
《베스트앨범 나기(凪)~Nagi~》
¥2,778
데뷔곡 〈섬 사람아〉부터 〈할머니의 노래〉〈치바리요(힘내라)〉 등 음악활동 10주년을 집대성한 앨범.

SAKISHIMA meeting
(시모지 이사무×아라 유키토)
《THE BEST》 ¥2,778
미야코 사투리로 장르를 초월한 음악에 도전하는 시모지 씨와 샤미센을 연주하는 아라 유키토 씨의 이색 듀엣 앨범. 미국과 남미 등 해외에서 주목받고 있다.

기이야마 쇼텐
《두만기테》 ¥1,905
이시가키 섬 출신의 사촌 형제들로 결성된 3인조 엔터테인먼트 그룹. 리드미컬한 음악과 개그 콤비 같은 입담으로 섬의 젊은이들 사이에서 인기가 많다.

4
CHAPTER

Souvenirs of Okinawa Islands

오키나와 섬의 토산품

쇼핑으로 오키나와 섬 생활을 체험

나는 언제나 여행지에서 동네 사람들이 다니는 시장을 찾는다. 늘어선 채소와 반찬을 보면 그 지역의 생활이 상상이 되면서 두근거린다. 항구의 매점도 외딴섬에서만 볼 수 있는 상품을 갖추고 있다. 이시가키 섬과 미야코 섬에 늘어난 편집숍을 돌아보는 것도 재미가 있다!

ISHIGAKIJIMA
쇼핑 천국! 이시가키 섬의 기념품

A

섬 채소 시가
앞은 녹색, 뒷면은 자줏빛 섬 채소 한다마(사진)와 씀바귀 등 일본 본토에서 보기 힘든 영양 만점 섬 채소. 가게에서 레시피를 물어보고 집에서 요리해보자.

B

피파츠(섬 후추) 소시지 ¥525
이시가키 섬의 숯돼지와 소금, 후추, 월도 열매, 이리오모테 섬의 흑당 등 섬에서 나는 조미료를 사용해 만든 수제 소시지. 햄, 베이컨 등 어느 걸 먹어도 육즙이 가득하다! (쥬고방치)

C

이시가키 섬 지비루 ¥500
지비루는 일본의 지역 맥주를 말한다. 숙소나 해변에서 단숨에 들이켜고 싶은 과일 향의 달콤한 바이첸(사진)과 마린 맥주, 저물녘 해안 맥주 등이 있어서 맛의 차이를 즐길 수 있다.

D

패션후루츠 잼 ¥700
자연농법으로 기른 과일의 맛을 그대로 농축한 초대박 인기 상품. 요구르트나 토스트, 홍차와 잘 어울린다. 잼 하나로 아침 식사가 호화롭게 변신! (가비라 팜)

SHOP LIST

JA 오키나와 야에야마 파머스 마켓 유라티쿠 시장

ⓐ-ⓒ : 지역 생산자가 직접 가격을 정해서 판매하는 시장. 갓 수확한 신선한 채소와 열대 과일이 가득하다. 보기만 해도 즐거워서 기분이 좋아진다.

ACCESS 이시가키 섬 이도 터미널에서 도보 10분
P137 MAP-A1 시장
ADD 이시가키 시 신에이쵸 1-2
石垣市新栄町1-2
TEL 0980-88-5300
OPEN 9:00〜19:00(무휴)

이시가키 섬은 디저트와 조미료, 음료 등의 식품부터 민예품, 음악, 옷, 액세서리에 이르기까지 폭넓은 장르를 갖춘 쇼핑 천국이다.
이시가키 섬에서만 볼 수 있는 특산품 쇼핑을 즐겨보자.

파초로 만든 민예품 ¥720
야에야마 지방에서는 섬유가 단단하고 광택이 나는 파초로 민예품을 만든다. 타타(작은 빗자루)는 책상 등을 청소하기에 안성맞춤. 민예품을 일상생활에서 사용하자.

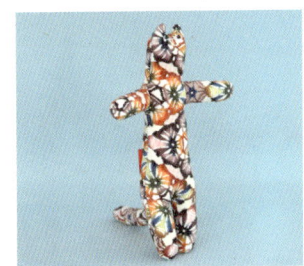

이리오모테 살쾡이 봉제인형·빙가타(오키나와 전통 염직물) ¥7,875
애교 있는 모습이 무척 귀엽다. 모두 세상에 딱 하나밖에 없는 인형으로 표정과 원단 등이 다 다르다. 가격의 3%는 이리오모테 살쾡이 기금으로 적립된다. (FREE FOWLS)

진저시럽 ¥1,296
이시가키 섬의 생강, 하테루마 섬 흑당, 자가 재배한 레몬그라스와 빨간 고추만을 사용. 진저 소다와 조림 요리 등 레시피는 무한대이다. (Hawaiian Grotto)

런치박스 토트백 ¥4,730
이시가키 섬의 하늘과 바다, 태양이 표현된 가방. 파란색은 야에야마 쪽으로 주황색은 망고스틴 나무껍질로 염색한다. (시마아이 농원)

이시가키 시 특산품 판매 센터

ⒹⒺ : 과자나 조미료, 아와모리, 민예품 등 이시가키 섬의 특산품이 한곳에 모여 있다. 신선 식품을 판매하는 1층 공설시장도 재미있는 곳이니 꼭 들러보길 바란다.

ACCESS 이시가키 섬 이도 터미널에서 도보 10분
P137 MAP-A1 〔특산품〕
ADD 이시가키 시 오카와 208 공설시장 2F
石垣市大川208 公設市場2F
TEL 0980-88-8633
OPEN 10:00~19:00(비정기 휴무)
HP ishigaki-tokusan.com

갤러리&잡화 카페 이시가키 펭귄

Ⓕ-Ⓗ : 펭귄식당(P26)의 펭귄 아이리 씨가 섬 내외의 '정말 좋다고 생각하는' 품목만을 골라서 판매하는 편집 가게. 옷과 잡화. 주방용 조리 도구 등 갖고 싶은 것이 가득하다.

ACCESS 이시가키 섬 이도 터미널에서 도보 5분
P137 MAP-A1 〔특산품〕
ADD 이시가키 시 오카와 241
石垣市大川241
TEL 0980-82-8777
OPEN 11:00~19:00(일요일, 비정기 휴무)
HP ishigakipengin.jimdo.com

※ 가격은 일부 세금을 포함(8%)하여 표기되어 있음

YAEYAMASHOTŌ

야에야마 제도의 토산품은 고양이, 염소, 소, 별?

각종 엽서 ¥160(세금 포함)
멋진 엽서를 찾는 건 여행의 즐거움 중 하나다. 다케토미 섬의 엽서는 니시산바시의 석양 사진이나 우체국 일러스트 등 다양한 종류를 자랑한다. 마음에 드는 엽서를 찾아보자.

《섬 고양이》¥1,847(세금 포함, 고양이 지도 첨부)
다케토미 섬의 명물이라면 고양이! 흰 모래길 물웅덩이에서 물을 마시거나 부겐빌레아 나무 그늘에서 낮잠을 자는 고양이의 모습을 찍은 사진은 힐링 그 자체다.

이리오모테 살쾡이 상품
손을 닦거나 물건 포장용으로 사용하는 '티사지'라는 손수건 ¥1,010(세금 포함, 좌)과 스티커 ¥420(세금 포함, 우) 등 이리오모테 살쾡이와 관련된 상품이 많다.

로젤 잼 ¥720(세금 포함)
민박 '유와무라'의 어머님이 만드는 수제 로젤 잼. 태양을 잔뜩 받고 자라서 새콤달콤한 그리운 맛이 난다.

SHOP LIST

《다케토미 섬》 티둥 가리유시관
ACCESS 다케토미 항 대합실 내
P137 MAP-B
ADD 다케토미쵸 다케토미
竹富町竹富
TEL 0980-84-5633
OPEN 7:30~마지막 선박편 출항 시간
(선박 결항 시 휴무)

《이리오모테 섬》 유리미나
ACCESS 우에하라 항 대합실 내
P136 MAP-C
ADD 다케토미쵸 아자우에하라
竹富町字上原
TEL 0980-85-7437
OPEN 7:30~마지막 선박편 출항 시간
(비정기 휴무)

다케토미 섬, 고하마 섬, 이리오모테 섬, 구로 섬, 하테루마 섬에서 돌아올 때는 조금 일찍 항구로 가서 매점에 들리자. 고양이 책부터 염소 머리끈 등 이들 섬만의 토산품을 손에 넣을 수 있다.

고하마 섬

빙가타 카드지갑 ¥2,300(세금 포함)
빙가타 작가인 베니쿠미 씨의 카드 지갑. 자유롭게 그려진 모양이 선명해서 일할 때뿐만 아니라 평소에도 사용하고 싶다. 가지고 있는 것만으로도 몸가짐도 아름다워질 듯하다.

고하마 섬

염소 상품
섬을 걷다 보면 몇 번이고 만나는 귀여운 염소. 고하마 섬 매점에는 마음이 따스해지는 염소 상품으로 가득하다! 머리끈 ¥410(세금 포함, 좌), 손수건 ¥1,240(세금 포함, 우)

구로 섬

소&거북이 상품
매년 2월 열리는 소 축제에서는 소를 주제로 한 상품을 판매한다. 바다거북연구소가 있는 구로 섬은 거북이 상품도 풍부하다. 소 젓가락 받침 ¥400(세금 포함, 좌), 거북이 파우치 ¥450(세금 포함, 우)

하테루마 섬

남십자성 상품
하테루마 섬의 별이 가득한 밤하늘을 주제로 만든 아이템으로 여행 후에도 별 밤의 여운을 일상에서 느낄 수 있다. 스티커 1장 ¥300~(세금 포함, 좌), 코스터 1매 380엔~(세금 포함, 우)

≪고하마 섬≫ 구바야
ACCESS 고하마 항 대합실 내
P136 MAP-D 토산품
ADD 다케토미쵸
竹富町
TEL 0980-85-3616
OPEN 8:00~마지막 선박편 출항 시간
(비정기 휴무)
HP kubuya.ti-da.net

≪구로 섬≫ 마치야
ACCESS 구로 항 터미널 내
P136 MAP-E 토산품
ADD 다케토미쵸
竹富町
TEL 0980-85-4007
OPEN 배 출입 시간에 맞춰 영업
(비정기 휴무)

≪하테루마 섬≫ 아단
ACCESS 하테루마 항 터미널 내
P136 MAP-F 토산품
ADD 다케토미쵸 하테루마 6523
竹富町波照間6523
TEL 0980-85-8556
OPEN 9:00~17:00(여름휴가 있음)
※ 가격은 일부 세금을 포함(8%)하여 표기되어 있음

MIYAKOJIMA

강렬한 개성이 반짝반짝! 미야코 섬의 토산품

A

소라빵 러스크 ¥102(세금 포함)
섬 아이들이 사랑하는 소라빵이 러스크로 변신해서 등장! 소라빵은 바삭바삭한 설탕이 든 크림이 특징으로 러스크로 만들어도 여전히 달콤하다! (후지제과)

B

미야코 파스타 세트 ¥780(세금 포함)
강황과 용과, 여주 등을 짜서 넣은 다양한 색상의 면 세트. 영양도 풍부하고 식탁을 화려하게 장식해준다. (art of life)

C

망고 칠리소스 ¥840(세금 포함)
미야코 섬 산 망고와 섬 고추, 섬 마늘을 사용한 토속적인 핫소스. 월남 쌈이나 닭튀김 등 요리에 효과를 줄 때 사용한다.

D

미야코 마모루군 친스코(오키나와 전통 과자, 18개) ¥756(세금 포함)
미야코 섬의 교통안전 캐릭터 '미야코 마모루군'. 꺼림칙하게 귀여운 독특함으로 인기가 많아서 섬을 대표하는 캐릭터로 성장했다. 과자나 문구류 등의 상품이 많다.

SHOP LIST

JA 오키나와 파머스 마켓 아타라스 시장

Ⓐ-Ⓕ : 미야코 제도의 신선식품, 가공품이 모여 있는 시장. 공항 바로 앞에 있으니 드라이브 전 또는 돌아가기 직전에 들리는 것이 가장 좋다. 여름철은 망고를 비롯한 열대 과일로 넘친다.

ACCESS 미야코 공항에서 차로 3분
P138 MAP-G 시장
ADD 미야코지마 시 히라라 니시사토1442-1
宮古島市平良西里1442-1
TEL 0980-72-2972
OPEN 9:00~19:00(무휴)

다양한 가공식품과 수제 샌들, 미야코의 파란색 향초 등 개성 넘치는 상품이 많다.
여름철에는 놀라울 정도로 싼 가격으로 망고를 살 수 있다!

E

흑당이 든 라후테 ¥1,580
츠카야마장의 치요씨가 만드는 시리즈. 유명한 상을 다수 수상한 라후테를 비롯해서, 반찬 세트 등 전부 다 맛있다. (츠카야마 치요)

F

사탕수수 ¥200(세금 포함)
옛날에는 섬 아이들의 간식이었던 사탕수수. 씹으면 밭의 달콤함이 입안 가득 퍼진다. 운전할 때 간식이나 아이들 선물로 좋다.

G
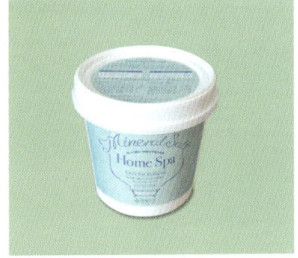

미네랄 솔트 홈스파(250g) ¥1,715
입자가 고운 소금의 특징을 살린 마사지용 소금. 물에 녹이면 매끈한 페이스트 상태로 변하며, 투명한 피부를 만들어준다. 목욕용 소금이나 이를 닦을 때도 사용한다.

H

아로마 향초 ¥1,500
'미야코 블루'나 '선셋' 등 미야코 섬 자연의 이미지로 만든 아로마 향초. 바닥에는 산호를 사용했으며 부드러운 불빛과 향은 힐링이 된다. 집에 돌아가서도 여행의 추억에 잠기게 해준다.

유키시오 제염소

G : 미야코 섬의 해수로 소금을 만드는 공정을 견학할 수 있다. 친스코나 비누 등 소금을 사용한 선물용 상품도 종류가 풍부하다. 유키시오 소프트크림은 소금과 달콤함이 절묘하게 어우러졌다.

ACCESS 미야코 공항에서 차로 40분
P138 MAP-G 토산품
ADD 미야코지마 시 히라라 가리마타 191
宮古島市平良狩俣191
TEL 0980-72-1442
OPEN 9:00~18:30
(10~3월은 ~17:30)(무휴)
HP www.yukisio.com

feu wax

H : 하나하나 정성들여 만든 핸드메이드 향초 가게 feu wax. 마음에 드는 색으로 향초를 만들어보는 체험 코스(2,500엔, 2시간)도 인기가 많다. 만드는 사람의 개성이 드러난다고 한다.

ACCESS 미야코 공항에서 차로 20분
P138 MAP-G 토산품
ADD 미야코지마 시 히가시나카소네 771-2-101
宮古島市東仲宗根771-2-101
TEL 0980-72-6144
OPEN 11:00~19:00(수요일 정기 휴무)
HP feuwax.com

※ 가격은 일부 세금을 포함(8%)하여 표기되어 있음

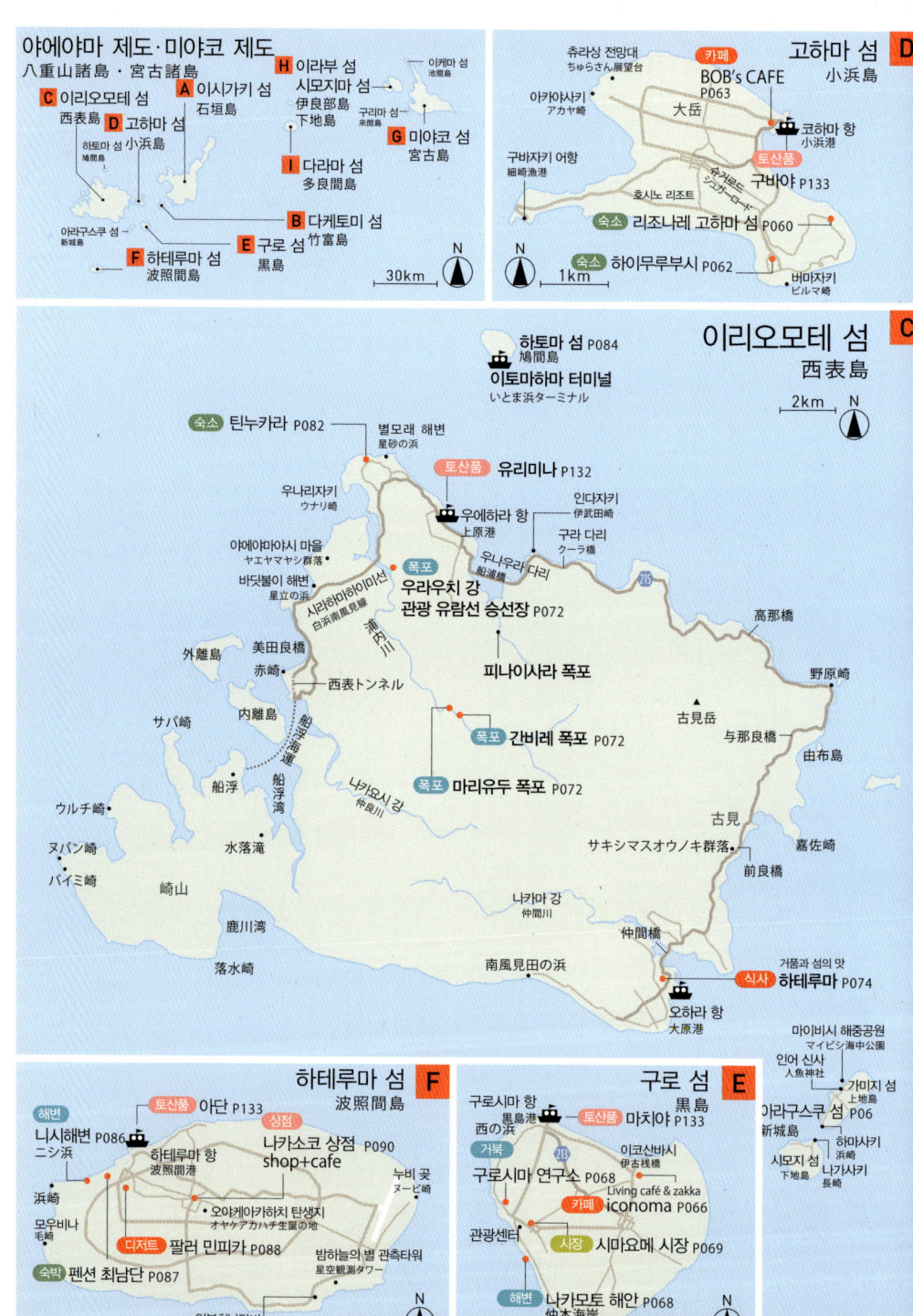

MIYAKOSHOTŌ　　　MAP　　　139

미야코 섬
宮古島

책을 마치며

잘하고 오렴, 하고 꼭 잡은 그 손으로
몇 번의 눈물을 훔쳐왔을까.
상냥한 눈 속에, 그 웃음 반대편에
숨겨둔 슬픔을 나는 느끼고 싶어.

―이케다 스구루 〈할머니의 노래〉

오키나와의 외딴섬을 여행하다 보면 빼어날 정도로 멋진 미소를 자주 마주하게 된다. 웃는 얼굴에서 우리는 많은 용기와 격려를 얻지만, 웃음 뒤에는 많은 눈물도 존재한다. 이 책에서는 자연의 매력과 그곳에서 생활하는 사람들의 삶의 모습을 전하기 위해 노력했다.

몇 번이나 만났던 사람들에게서 이야기를 들으면 들을수록 산다는 것은 얼마만큼 많은 갈림길에 서야 하고, 수많은 슬픔을 소중히 안고 살아가야 하는지 깨닫게 되었다. 취재에 협력해준 여러분께 진심으로 감사드린다.

다케토미 섬의 니시산바시에서 본 장대한 석양, 신성한 공기가 감도는 아라구스쿠 섬의 촌락, 모든 걸 잊고 지구와 하나 되는 미야코 블루 바다…. 외딴섬을 방문할 때마다 마음을 빼앗기는 건 어째서일까. 아마도 '그때마다 자연이 메시지를 보내오기 때문'일 것이다.

14개 섬의 신들에게도 감사드린다. 실례가 많았습니다.

두 돌이 안 된 딸을 안고 긴 시간을 취재하는 동안, 이시가키 섬의 펭긴 씨 가족과 다케토미 섬의 가메이 씨가 베풀어 주신 호의와 친절은 특별했다.

이 책을 만들면서 미소를 찍는 천재 사진가 다루미 켄고 씨, 섬을 너무도 사랑하는 풍경 사진가 고하야카와 와타루 씨, 예쁜 책으로 완성해준 디자이너 야베 아야코 씨, 정열과 지혜를 쏟아부어준 아노니마 스튜디오의 호리노 게이코 씨, 그리고 협력해주신 많은 분께 진심으로 감사의 마음을 전한다. 마지막으로 항상 지켜봐 주고 응원해주는 부모님과 남편, 딸에게 내가 보낼 수 있는 최대한의 감사를 보낸다.

여러분이 최고의 섬 시간을 보낼 수 있기를
섬에 사는 사람들이 앞으로도 웃는 얼굴로 생활할 수 있기를

초여름 슈리에서 가이하타 미치

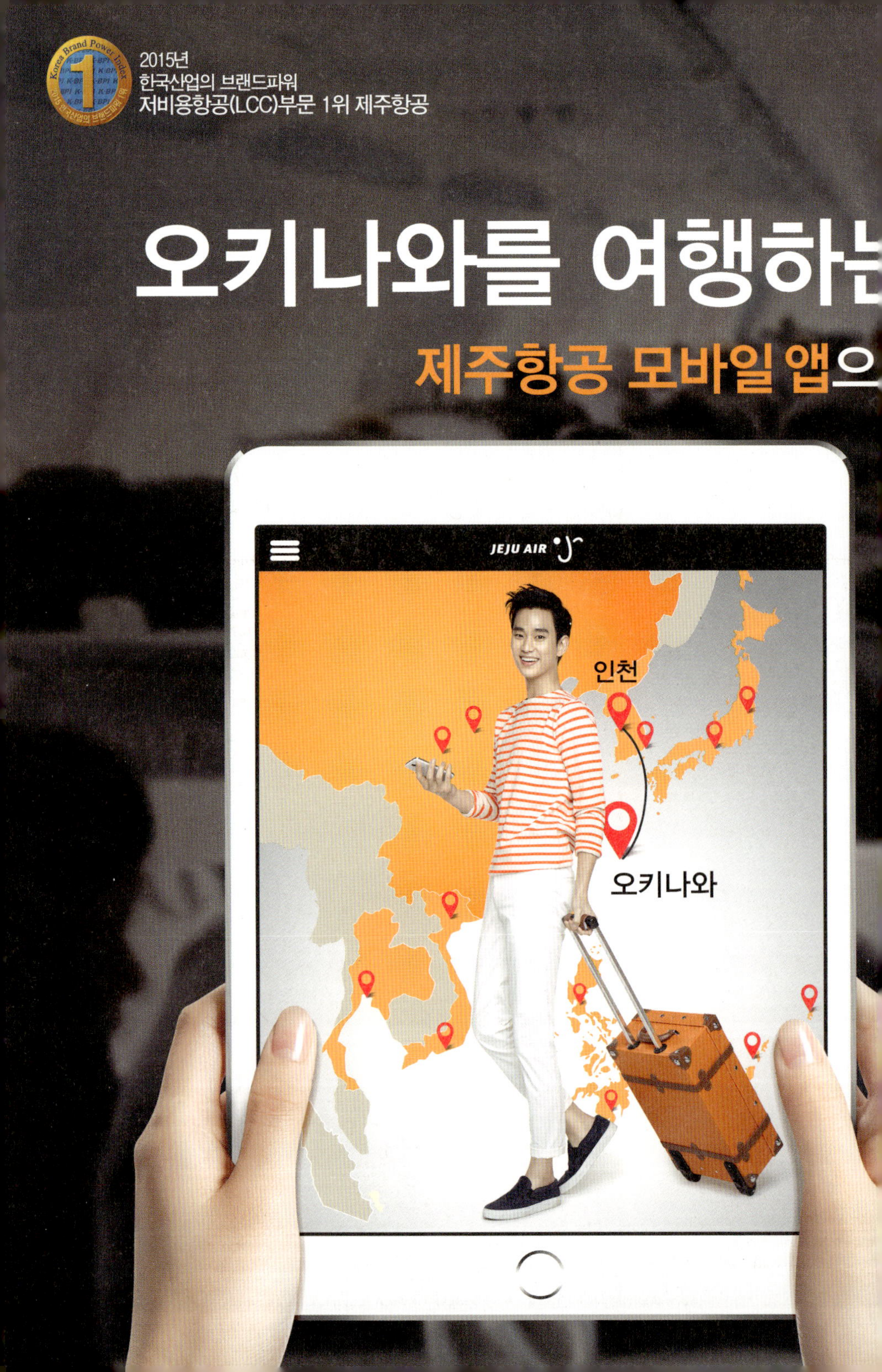

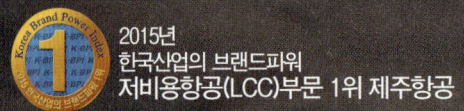

TEINEI NI YABI SURU OKINAWA NO SIMA JIKAN
by Michi Kaihata
Copyright ⓒ 2014 by Michi Kaihata
Original Japanese edition published by anonima-studio,
a division of Chuoh Publishing Co.
Korean translation rights arranged with anonima-studio,
a division of Chuoh Publishing Co.,
through Owls Agency Inc. and Danny Hong Agency.
Korean translation copyright ⓒ 2015 by Turning Point

이 책의 한국어판 저작권은 대니홍 에이전시를 통한 저작권사와의 독점 계약으로
(주)터닝포인트아카데미에 있습니다.
저작권법에 의해 한국 내에서 보호를 받는 저작물이므로 무단전재와 복제를 금합니다.

느긋하게 오키나와 외딴섬 여행

2015년 5월 11일 초판 1쇄 인쇄
2015년 5월 18일 초판 1쇄 발행

지은이	가이하타 미치
옮긴이	박수현
펴낸이	정상석
기획·편집	문희언
편집·표지 디자인	이여비
펴낸 곳	터닝포인트
등록번호	2005. 2. 17 제6-738호
주소	서울시 마포구 연남로 97-1 3층
대표전화	(02) 332-7646
팩스	(02) 3142-7646
홈페이지	www.diytp.com
ISBN	978-89-94158-66-2(13910)
정가	14,000원

내용 및 원고 집필 문의 diamat@naver.com
(터닝포인트는 삶에 긍정적 변화를 가져오는 좋은 원고를 환영합니다.)

이 도서의 국립중앙도서관 출판예정도서목록(CIP)은 서지정보유통지원시스템 홈페이지
(http://seoji.nl.go.kr)와 국가자료공동목록시스템(http://www.nl.go.kr/kolisnet)에서
이용하실 수 있습니다. (CIP제어번호 : CIP2015012071)